图说
航空公司运行控制安全

中国民用航空局航空安全办公室
中国民航安全学院 ◎编著

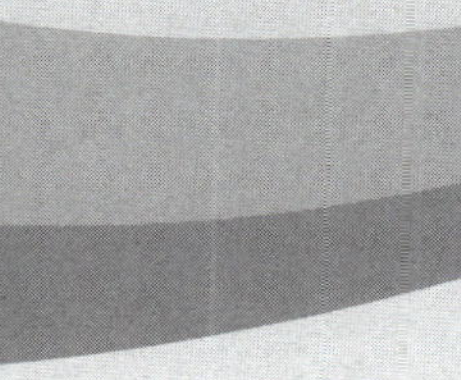

中国工人出版社

序

航空安全是民航稳定运行和持续发展的生命线，而辛勤工作在生产运行一线的广大职工和基层管理人员正是日夜驻守在这条生命线最前沿阵地上的主要力量；他们具有的安全生产意识、安全生产知识和安全生产能力直接关系到前沿阵地的牢固与否。

为了落实民航局“十二五”安全发展规划关于民航职工素质建设工程中对职工运行安全保障的要求，帮助一线职工学习和了解民航规章对安全生产的相关规定和安全生产的基本知识，理解严格执行民航规章以及按章作业对民航安全的作用和重要性，中国民用航空局航空安全办公室和中国民航安全学院共同策划并编著了《图说民航安全生产系列丛书》。

本丛书的编纂思路是：以民航各主要生产专业模块为背景、以一线生产运行活动为主线、以民航规章的规定为基础，有选择性地重点介绍和诠释与一线作业活动密切相关的安全生产基本知识和有关民航规章的规定和要求。

本丛书采用图文并举的形式，在对相关知识点进行文字描述的同时，辅以漫画配合，力求通过通俗易懂、生动形象的方式为一线职工提供一套安全生产知识读本。

编著者真诚期望本系列丛书能有助于：

新入职员工——提前了解安全生产的基本知识和相关要求的脉络，从而有准备地接受和完成全面的岗位安全培训；

已接受过安全培训的在职员工——从中得以回顾和理解所处岗位相关的安全生产规定和要求；

民航系统的所有职工——在闲暇翻阅中了解其他专业系统或其他岗位的安全生产知识和相关要求。

本系列丛书可作为民航安全生产教育培训的辅助材料，以及作为有兴趣人士了解和获取民航安全生产知识的通俗性读物。

本系列丛书的总体编撰工作由张蕾完成。《图说航空公司运行控制安全》分册由张向晖、白福利负责基础资料整理；《图说民用机场飞行区安全》分册由于航负责基础资料整理；《图说民用航空客舱安全》分册由于野、隋佳、吴倩负责基础资料整理；《图说民用航空安全保卫》分册由王文俊、白福利负责基础资料整理。

本系列丛书首批四个分册付梓之际，在此感谢为成稿贡献笔耕之力和专业才智的所有人士，特别应提到的有：温志东（中国国际航空股份有限公司运控中心）、王艳（中国国际航空股份有限公司客舱服务部）、王淼（北京首都国际机场飞行区管理部）、柯洁茹（广州白云国际机场安检护卫部）等。

限于编著者水平有限，以图文并举方式介绍和诠释民航安全生产知识和相关法规还属初次尝试，书中难免存在问题和不足之处。真诚希望读者给予批评指正。

前 言

航空公司运行控制是指合格证持有人使用飞行动态控制的系统和程序，对某次飞行的起始、持续和终止行使控制权的过程。运行控制系统主要包括运行计划、航班放行、气象服务、情报服务、性能分析、运行调配、飞行监控和特情处置等主要功能。运行控制好比人的大脑，具有指挥、协调和控制的功能，为航空公司安全和高效的运行提供必要保障。

本书结合《大型飞机公共航空运输承运人运行合格审定规则》《民用航空飞行签派员执照管理规则》《航空器机场运行最低标准的制定与实施规定》《航空承运人运行中心（AOC）政策与标准》等现行的民航规章，用通俗的语言与例子对航空运行控制系统进行了全面而又独特的解读，系统介绍了与运行控制和人员资质管理相关的安全法规要求、运行控制工作相关的安全基础知识和安全风险关注点。重点介绍运行控制系统中的人员，尤其是签派员应掌握的运控工作安全常识、资质管理要求、签派放行控制（签派放行规则、飞行计划、放行评估、放行决定、气象系统、载重与平衡控制、航务情报、飞机适航控制、更改或重新签派放行、特殊运行的签派放行等）、飞行运行控制（飞机位置监控、燃油监控、气象监控、飞机适航状态监控、空中交通管制的监控、对保障资源的可用性的监控等）、非正常运行情况及突发事件处置等方面的内容，为运控基层工作人员进行安全教育和安全提示，提供切实指导和帮助。

本书可作为广大运行控制工作人员及相关读者、部门获取航空公司运行控制安全知识的通俗读物，也适合作为运行控制部门基层员工、在校学生安全教育实用培训教材。

目 录 CONTENTS

一、概 述

1. 航空公司的主要业务是什么？

航空公司的主要业务是客货运输，其中包括旅客/货主服务、机务维修和运行控制。

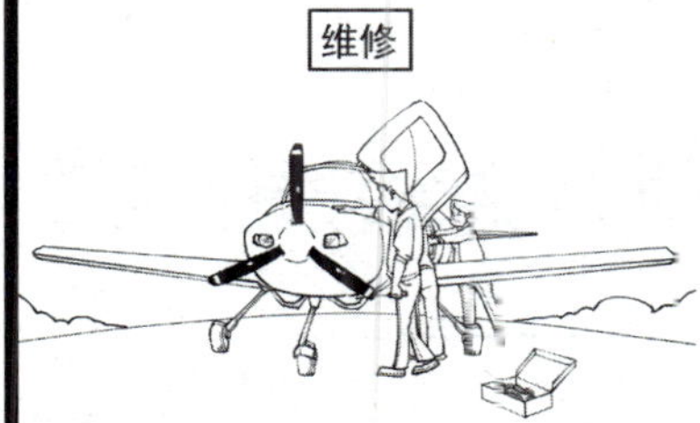

2. 航空公司运行控制的作用是什么？

3. 航空公司运行控制的定义是什么？

那咱们公司......
我们公司运行控制全过程必须符合民航规章，也要符合公司《运行规范》、运行政策、标准和程序。你新入职，要认真学习啊。

好，今后请您多指导。
有问题尽管问，不要客气。

4. 运行控制的主要工作内容有哪些？

5. 运行控制系统的主要功能有哪些？

运行控制系统的主要功能包括：

★ 运行计划，航班放行；

★ 气象服务，情报服务，性能分析；

★ 运行调配（资源重组），飞行监控；

★ 特情处理。

运行控制系统的主要构成可以用下面这张图说明。

运行控制系统示意图

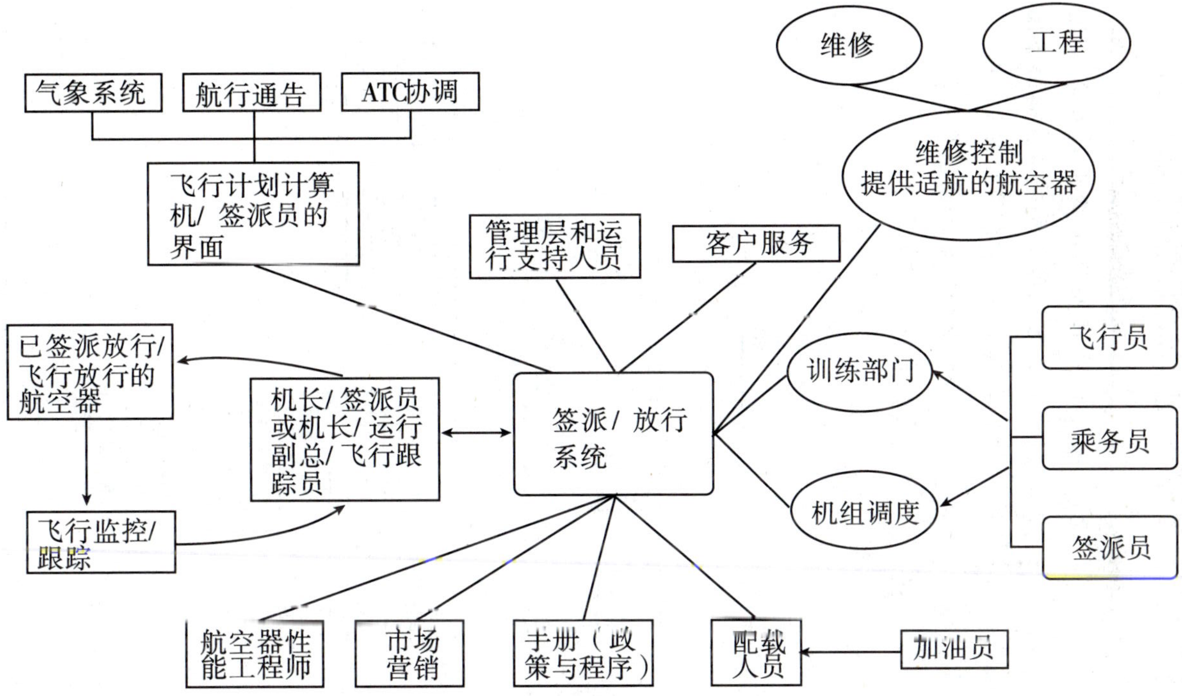
维修
工程
维修控制
提供适航的航空器
气象系统
航行通告
ATC协调
飞行计划计算机/ 签派员的界面
管理层和运行支持人员
客户服务
已签派放行/飞行放行的航空器
机长/ 签派员或机长/ 运行副总/ 飞行跟踪员
签派/ 放行系统
训练部门
机组调度
飞行员
乘务员
签派员
飞行监控/跟踪
航空器性能工程师
市场营销
手册（政策与程序）
配载人员
加油员

6. 运行控制系统中的人员主要有哪些？

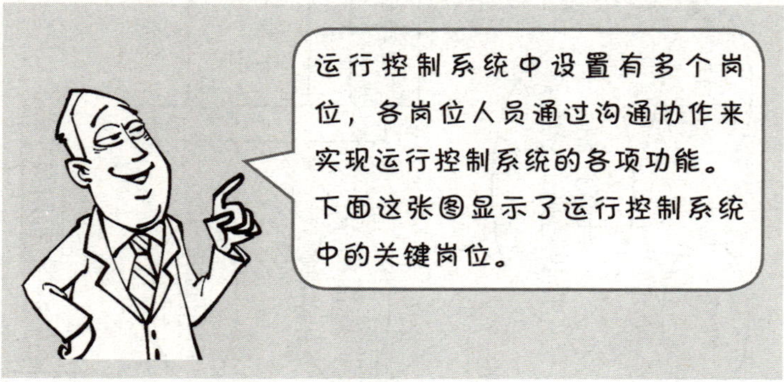

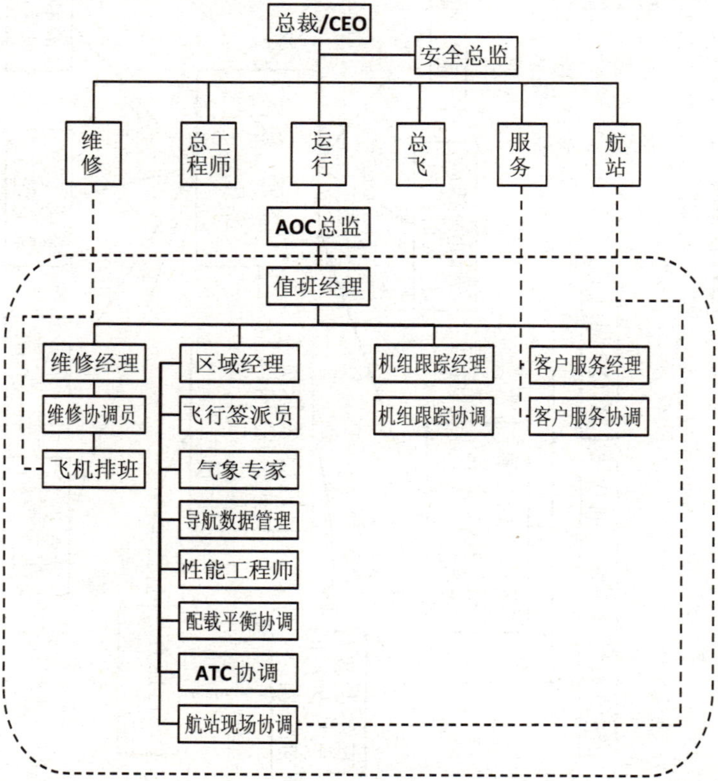

7. 与运行控制和人员资质管理要求相关的法规有哪些？

★《大型飞机公共航空运输承运人运行合格审定规则》（CCAR-121）

★《民用航空飞行签派员执照管理规则》（CCAR-65）

★《一般运行和飞行规则》（CCAR-91）

★《航空器机场运行最低标准的制定与实施规定》（CCAR-97）

★《航空承运人运行中心（AOC）政策与标准》（AC-121-FS-2011-004R1）

★ 航空公司运行手册和规章制度的其他管理要求

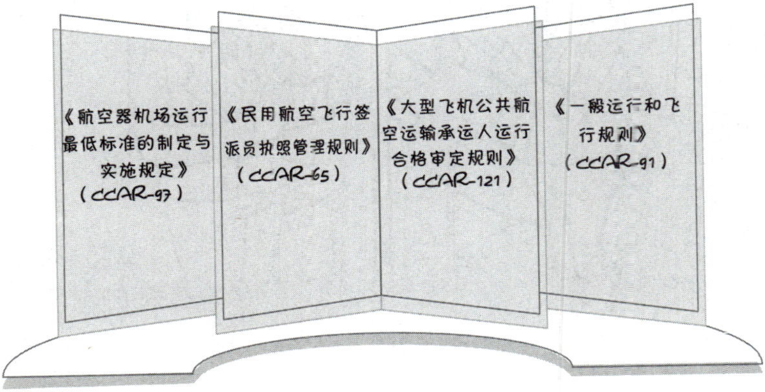

二、飞行签派员

1. 对飞行签派员的上岗要求

初始训练的要求

按照本规则N章批准的训练大纲，圆满完成相应飞机组类中的一个型别飞机的下列训练：飞行签派员初始训练，但如果该飞行签派员已对同一组类的另一型别飞机接受了初始训练，则只需完成相应的转机型训练。

——《大型飞机公共航空运输承运人运行合格审定规则》（CCAR-121R4）

运行熟悉的要求

在驾驶舱观察按照CCAR-121部实施的运行至少5小时（含一次起飞和着陆）；或者可以用额外增加一次起飞和着陆代替一个飞行小时的方法，将运行熟悉小时数减少至不低于2.5小时。

——《大型飞机公共航空运输承运人运行合格审定规则》（CCAR-121R4）Q章

小帖士

对于新引进组类的飞机，在开始投入运行后90天之内，不满足运行熟悉要求的人员仍可以担任飞行签派员。

2. 对飞行签派员的执照要求

执照要求

获得执照的飞行签派员应当满足下述执照要求，否则不能履行运行控制职责。

未取得飞行签派员执照的人员不得履行运行控制职责！

执照检查

获得执照的飞行签派员在履行运行控制职责时应当携带飞行签派员执照。

在民用航空飞行标准监察员或者授权的局方代表提出要求时，应当出示飞行签派员执照，接受检查。

执照有效期

失效的执照，执照持有人应当将执照交回民航地区管理局。

飞行签派员执照持有人自愿放弃执照时或者执照被依法暂扣、吊销时，执照失效。

执照换发、补办和迁转

- 换发、补办 → 向民航地区管理局提出书面申请
  - **执照换发申请材料**
    - 当时持有的执照。
    - 能够证明其更改姓名合法性的法律文件。
  - **执照补办申请材料**
    - 姓名、性别、出生日期。
    - 通信地址、邮编。
    - 执照号码、颁发日期等信息和材料。
    - 颁发其执照的民航局文件。
- 执照迁转 → 填写《飞行签派员执照迁转表》

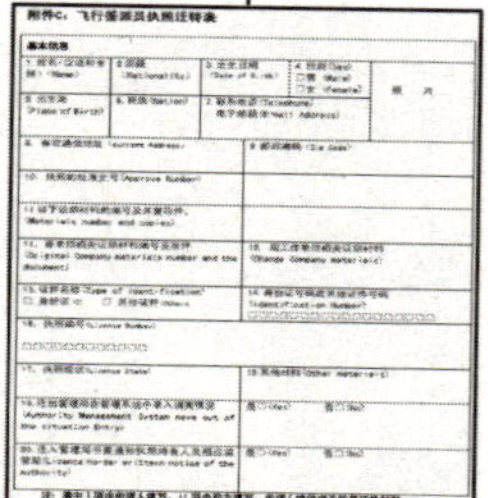
附件C：飞行签派员执照迁转表

提示

申请人在换发、补办执照期间，可向民航地区管理局申请领取有效期不超过120天的临时执照，并持该执照履行运行控制职责。

飞行签派员临时执照

正面：

95mm

55mm

<table>
<tr><td colspan="3">中国民用航空飞行签派员临时执照
Temporary Flight Dispatcher License Of CAAC</td><td colspan="2">CAAC</td></tr>
<tr><td>Ⅰ.姓名（Name）</td><td>Ⅱ.姓别（Sex）</td><td>Ⅲ.国籍（Nationality）</td><td colspan="2">Ⅳ.出生日期（Date Of Birth）
/ /</td></tr>
<tr><td colspan="5">Ⅴ通信地址（Address）：</td></tr>
<tr><td>Ⅵ.执照号（License NO.）</td><td></td><td colspan="3">Ⅶ.有效期至（Period Of Validity To）： 年 月 日止</td></tr>
<tr><td colspan="5">Ⅷ.（执照管理用章Stamp）</td></tr>
<tr><td colspan="2">Ⅸ.持证人（Signature Of Holder）</td><td colspan="3" rowspan="2">Ⅹ.签发人（Signature Of Administration Director）</td></tr>
<tr><td colspan="2">Ⅺ.签发日期（Date Of Issue）： / /</td></tr>
</table>

反面：

使用说明

一、临时执照是民航地区管理局飞行签派员执照管理部门根据CCAR65FS-R2的规定，为申请换发或者补办执照的执照持有人签发的执照。

二、在正式执照下发前，飞行签派员可以持临时执照在运行控制中心履行职责。飞行签派员在履行运行控制职责和跟班飞行时要随身携带该执照，以备局方签派监察员或局方授权代表检查。

三、临时执照格式由中国民用航空局统一规定，由各民航地区管理局飞行签派员执照管理部门负责签发，有效期为120天。

四、持有人必须对该临时执照妥善保管，不得损毁、涂改和转让，如果临时执照遗失，应立即到签发部门补发。

五、本临时执照需与工作证（牌）同时使用。

3. 对飞行签派员的训练要求

训练种类

- 新雇员训练
- 初始训练
- 转机型训练
- 定期复训
- 差异训练

训练要求

新雇员训练

针对新雇用的人员，或者已经雇用但没有在飞行签派员工作岗位上工作过的人员，在进入飞行签派员工作岗位之前需要进行的训练。

初始训练

未曾在相同组类其他飞机的相同职务上经审定合格并服务过的飞行签派员需要进行的改飞机型训练。

转机型训练

曾在相同组类不同型别飞机的相同职务上经审定合格并服务过的飞行签派员需要进行的改飞机型训练。

定期复训

已取得资格的飞行签派员，为了保持其资格和技术熟练水平，在规定的期限内按照规定的内容进行的训练。

差异训练

指某一具体型别飞机的所有改型的差异训练。

小帖士

飞行签派员各类训练的频次、训练时间、训练内容及相关要求在民航规章中有明确规定。

4. 对飞行签派员的执勤要求

飞行签派员执勤时间

从飞行签派员为签派飞机而了解气象情况和飞机运行情况时开始，至所签派的每架飞机都已完成飞行，或者已超出其管辖范围，或者由另一位经审定合格的飞行签派员接替其工作时止。

执勤时间限制

除超出航空公司控制能力的形势或者应急情况之外，签派员的值勤时间具体要求为：

任意连续7个日历日内至少有一个连续24小时的休息期，或者在任意日历月中安排相当时间的休息期。

局方批准，在境外的飞行签派员，24小时内连续工作可超过10小时，但在每个24小时期间内，应至少连续休息8小时。

酒精及药品限制

★飞行签派员作为担负安全敏感工作的人员，不得使用或者携带大麻、可卡因或鸦片等禁用药物。

★ 飞行签派员如果呼出气体中所含酒精浓度达到或者超过0.04克/210升以上，或者在酒精作用状态下，不得上岗或者继续留在岗位上担任安全敏感工作。

★飞行签派员担任安全敏感工作过程中，不得饮用含酒精饮料。

★飞行签派员饮用含酒精饮料后8小时内，不得上岗值勤。

三、其他运行控制人员

1. 气象人员

职责：

负责收集、分析、制作、发布和更新天气预报，向飞行签派员、飞行机组和其他运行人员提供综合气象服务和建议。

对气象（地面）人员的要求

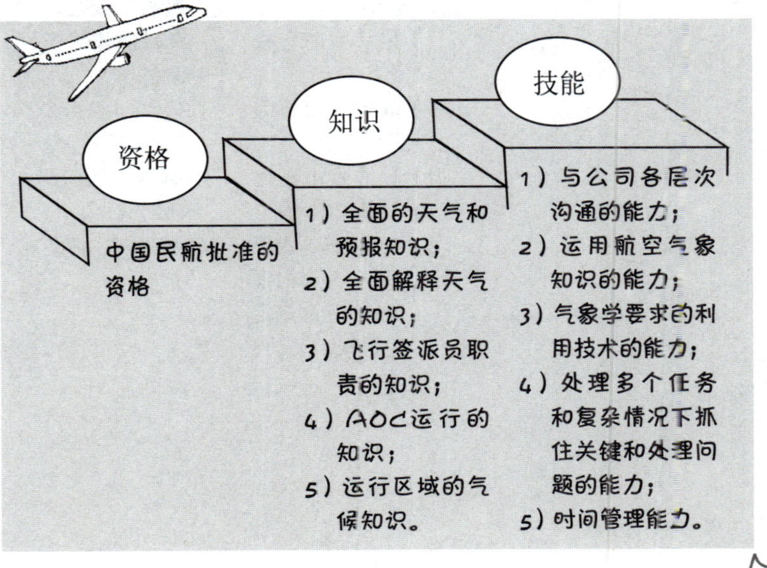

对气象（高空大气）人员的要求

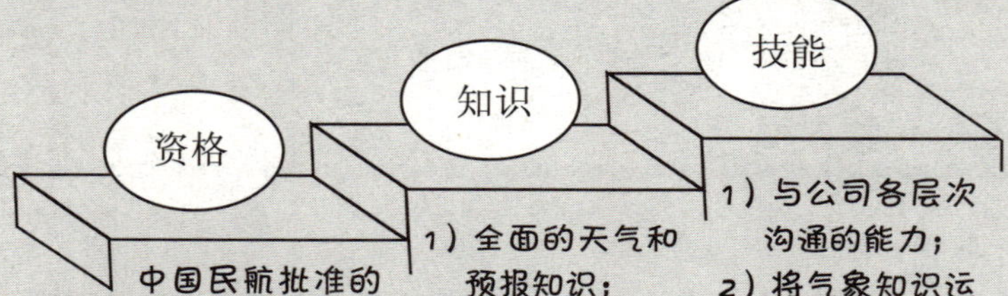

资格

中国民航批准的资格

知识

1）全面的天气和预报知识；
2）全面解释天气的知识；
3）臭氧对机组的影响；
4）结冰对飞机的影响；
5）风切变对飞机的影响；
6）颠簸对飞机的影响；
7）航路火山灰对飞机的影响；
8）太阳风暴、太阳黑子、宇宙射线等对飞机和乘员的影响。

技能

1）与公司各层次沟通的能力；
2）将气象知识运用到公司运行中的能力；
3）解释飞行员报告和利用这些报告提供支援；
4）气象学所要求的利用技术的能力；
5）处理多个任务和复杂情况下抓住关键和处理问题的能力；
6）时间管理能力。

2. 导航数据管理人员

职责：

维护精确和完整的导航数据库，就FMS导航数据库的有关问题与技术提供者联系，为航路规划和航路问题的解决提供支援，为建议的和改变的导航结构提供分析，为包机和偏离航线运行提供必要的支持。

对导航数据管理人员的要求

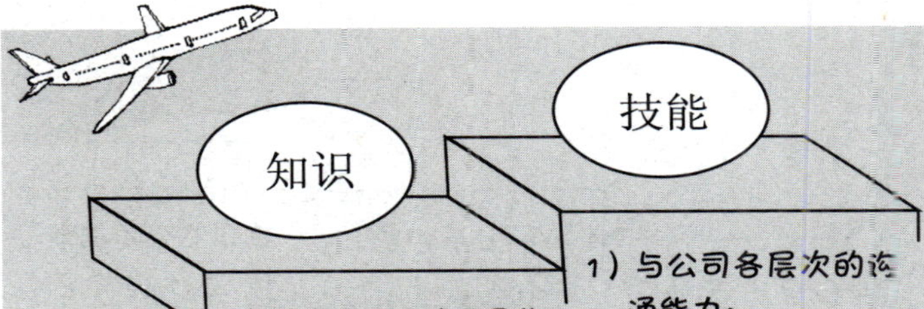

知识：

1）航空承运人使用导航数据库的全面知识；
2）航空承运人运行政策和程序的全面知识；
3）AOC运行的全面知识；
4）航路结构的全面知识［包括定位点、航路点、航线、飞行情报区（FIR）和相应的高度］；
5）航行新技术以及ICAP和当局批准的导航应用的全面知识。

技能：

1）与公司各层次的沟通能力；
2）维护计算机导航数据库的能力；
3）处理多个任务和在复杂变化的情况下抓住关键的能力；
4）时间管理能力。

3. 交通管制／机场运行协调人员

职责：

在AOC内负责与空中交通管制单位和机场联系与协调。

对交通管制／机场运行协调人员的要求

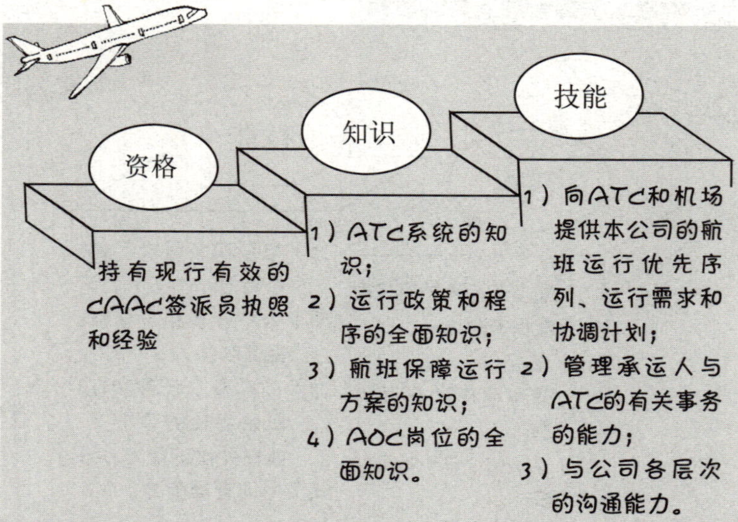

4. 维修人员

维修经理

职责：

协调AOC与机务维修支持人员，支持故障飞机的修理工作，向AOC中心数据库和管理层提供最新的机队状态信息。

对维修经理的要求

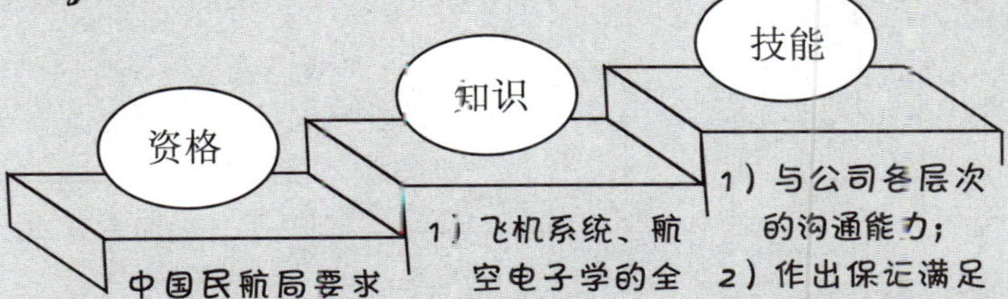

资格

中国民航局要求的维修人员执照和经验

知识

1）飞机系统、航空电子学的全面知识；
2）法律、法规和航空规章的全面知识；
3）机务维修部门要求的全面知识；
4）航空承运人运行政策和程序的全面知识；
5）AOC岗位的全面知识。

技能

1）与公司各层次的沟通能力；
2）作出保证满足维修要求的决策能力；
3）维修要求的利用技术的能力；
4）处理多个任务和管理连续变化的优先权的能力；
5）时间管理能力；
6）分析决策能力。

维修协调员

职责：

协调AOC和航空公司维修支持人员，支持故障飞机的修理工作，向运行管理层和相关部门提供最新的机队状态信息，向AOC维修经理报告有关飞机、飞机部件以及其他维修情况。

对维修协调员的要求

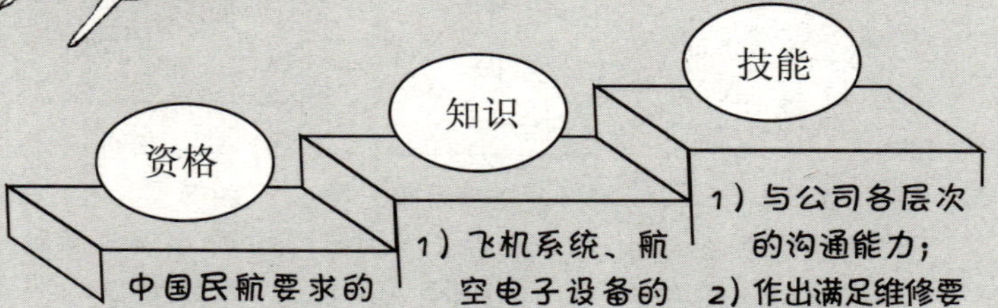

资格

中国民航要求的维修人员执照和经验

知识

1）飞机系统、航空电子设备的全面知识；
2）法律、法规和航空规章的全面知识；
3）维修部门要求的全面知识；
4）航空承运人运行政策和程序的全面知识；
5）AOC岗位的全面知识。

技能

1）与公司各层次的沟通能力；
2）作出满足维修要求的决策能力；
3）维修要求的利用技术的能力；
4）处理多个任务和管理连续变化的优先权的能力；
5）时间管理能力；
6）分析决策能力。

5. 飞机排班员

职责：

保证为航空承运人的航班运行合理安排飞机和为减少延误调整飞机，向区域经理建议有利于运行的解决方案（更换或取消飞机）。

对飞机排班员的要求

知识

1）航空公司运行政策和程序的全面知识；
2）法律、法规和航空规章的全面知识；
3）维修部门要求的全面知识；
4）飞机维修要求的全面知识；
5）AOC岗位的全面知识。

技能

1）与公司各层次的沟通能力；
2）能够作出适当的决策，保证运行要求和维修要求的平衡。

6. 机组跟踪人员

机组跟踪经理

职责：

检查和修订机组的排班，建议不正常运行的解决办法。

对机组跟踪经理的要求

资格

作为机组跟踪协调员的经验

知识

1）公司政策与程序的全面知识；

2）民用航空规章的全面知识；

3）驾驶舱、客舱机组要求的全面知识；

4）飞机人员配备要求的全面知识。

技能

1）与公司各层次的沟通能力；

2）作出适当的运行决策，保证运行要求与机组和规章要求之间的平衡。

机组跟踪协调员

职责：

审核和修订机组排班，建议不正常运行的解决办法，向机组跟踪经理报告有关机组的信息。

对机组跟踪协调员的要求

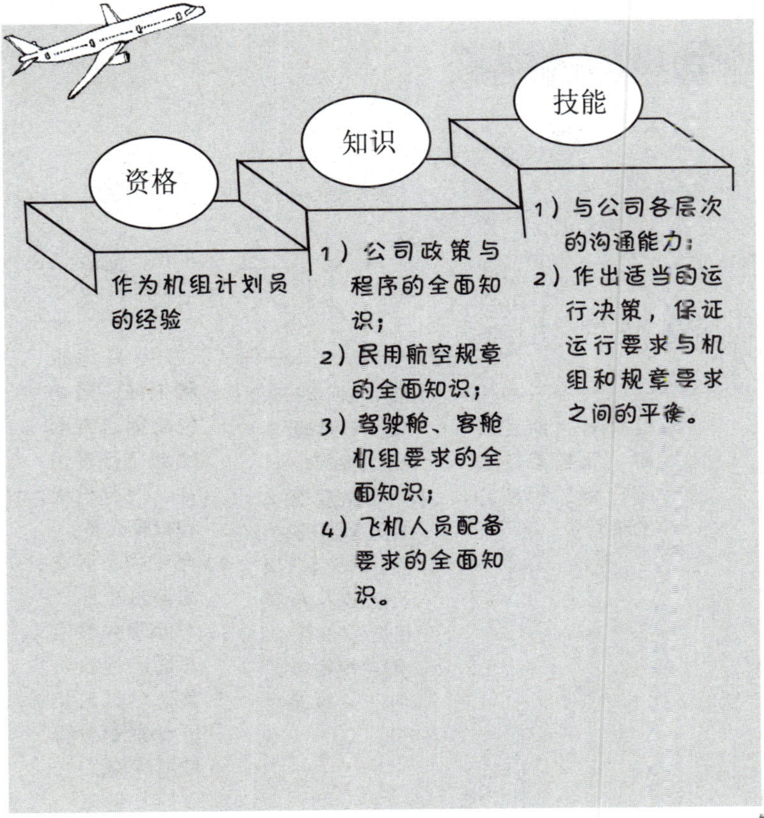

7. 性能工程师

职责：

负责制定和维护所有飞机的性能数据以及配载平衡数据。向飞行签派员、维修协调员和航站运行员提供有关跑道限制、湿跑道条件、超障要求、发动机故障程序、减噪程序和不同条件下的飞机性能设定等性能方面的协助与技术支持。

对性能工程师的要求

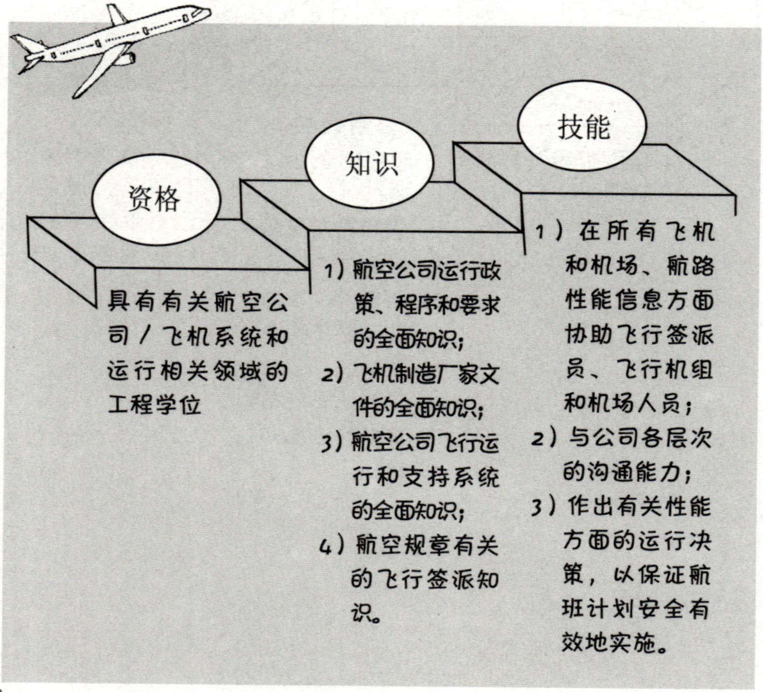

8. 配载平衡协调员

职责：

向飞行机组提供飞机配载和起飞重量的记录。

对配载平衡协调员的要求

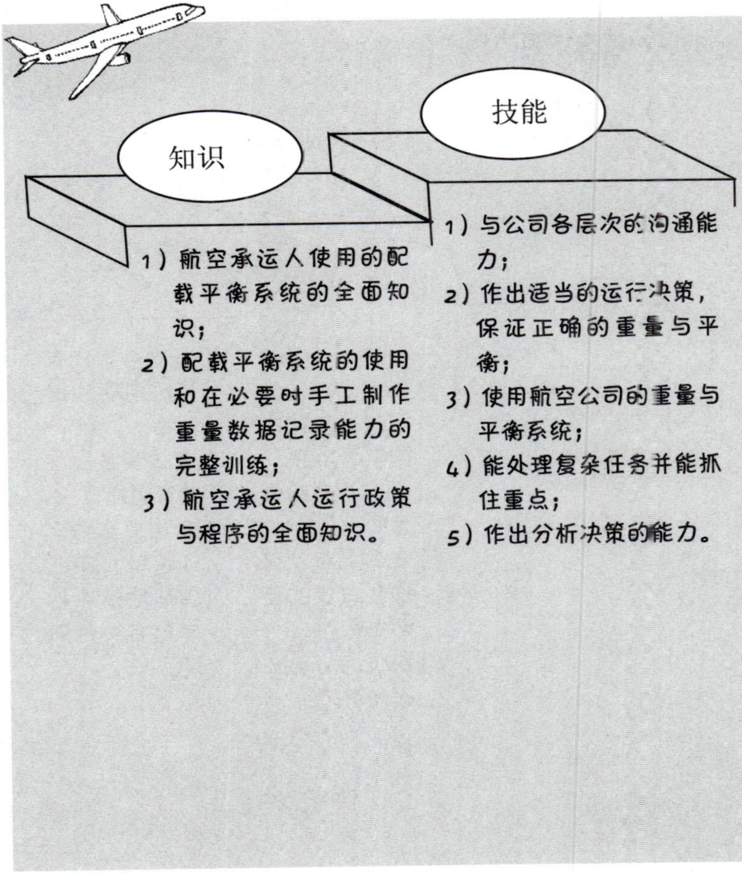

知识

1）航空承运人使用的配载平衡系统的全面知识；
2）配载平衡系统的使用和在必要时手工制作重量数据记录能力的完整训练；
3）航空承运人运行政策与程序的全面知识。

技能

1）与公司各层次的沟通能力；
2）作出适当的运行决策，保证正确的重量与平衡；
3）使用航空公司的重量与平衡系统；
4）能处理复杂任务并能抓住重点；
5）作出分析决策的能力。

9. 客户服务人员

客户服务经理

职责：

负责在AOC决策过程中提供有关客户和航站的信息，协调可用资源和人员积极处理不正常运行对客户、航站和经济效益造成的影响。

对客户服务经理的要求

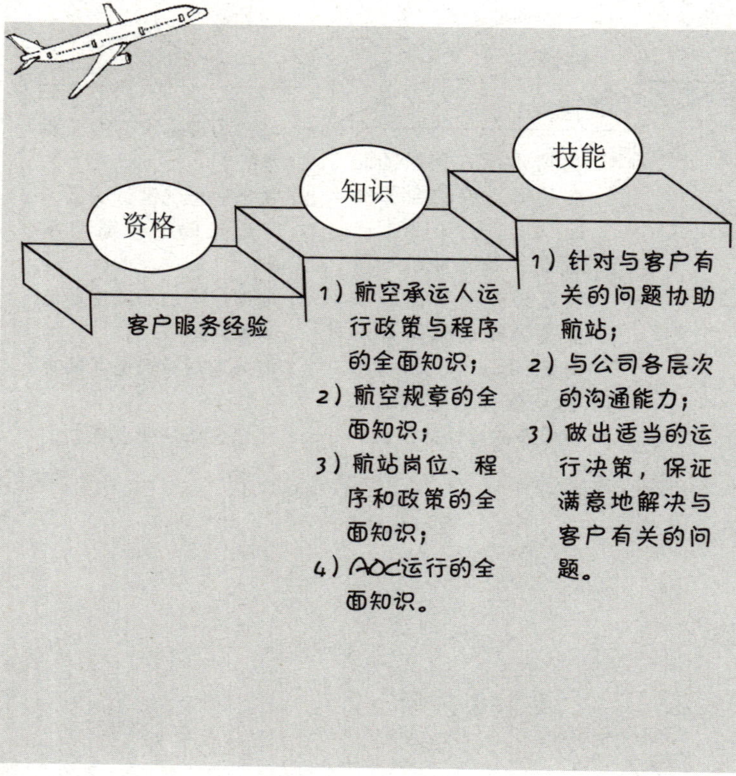

资格

客户服务经验

知识

1）航空承运人运行政策与程序的全面知识；
2）航空规章的全面知识；
3）航站岗位、程序和政策的全面知识；
4）AOC运行的全面知识。

技能

1）针对与客户有关的问题协助航站；
2）与公司各层次的沟通能力；
3）做出适当的运行决策，保证满意地解决与客户有关的问题。

客户服务协调员

职责：

在AOC决策过程中负责提供客户和航站信息。协调可利用的资源和人员，积极处理不正常运行对客户、航站和经济效益造成的影响。

对客户服务协调员的要求

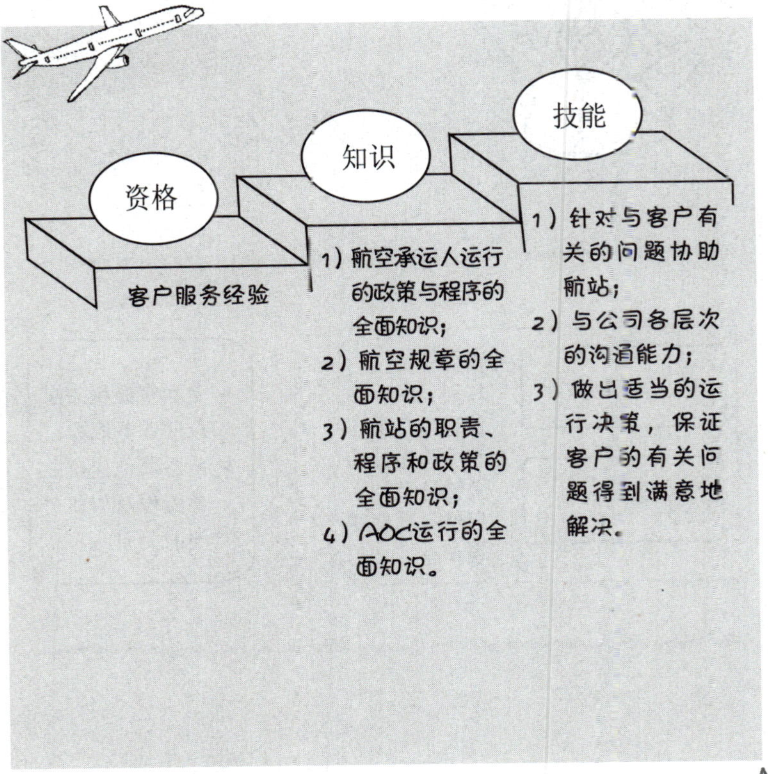

10. 人员培训要求

上岗前培训

补充培训

岗位职责
权限
流程责任人
相关程序接口
关键环节
所使用的软硬件
表单等

- 全面掌握相关岗位的业务流程。
- 熟悉其他岗位业务流程及与其之间的关系。

四、签派放行控制

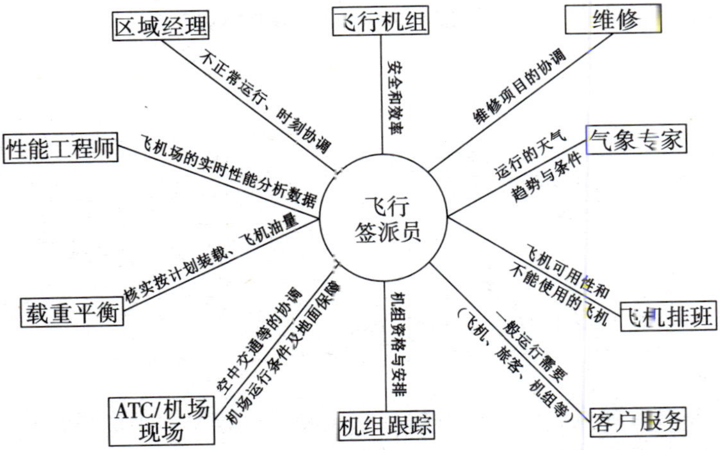

飞行签派员主要工作关系

1. 签派放行权与责任

国内、国际定期载客运行签派放行权

原签派放行单列出的中途机场

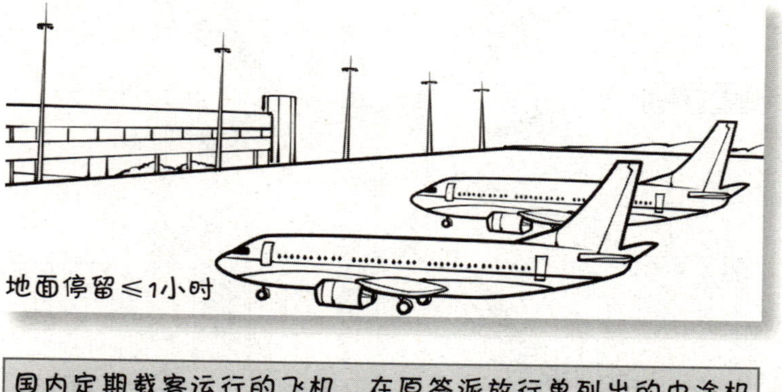

国内定期载客运行的飞机，在原签派放行单列出的中途机场地面停留不超过1小时。

原签派放行单列出的中途机场

国际定期载客运行的飞机，在原签派放行单列出的中途机场地面停留不超过6小时。

补充运行的飞行放行权

实施补充运行应当使用飞行跟踪系统，每次飞行应当得到合格证持有人授权实施运行控制人员的批准，方可实施。

——《大型飞机公共航空运输承运人运行合格审定规则》（CCAR-121R4）U章

飞行放行单

在开始飞行前，机长或者由合格证持有人授权实施运行控制的人员应当按照该次飞行所遵守的条件制定一个满足飞行的放行单。

只有当机长和授权实施运行控制人员均认为可以安全飞行时，机长方可签署飞行放行单。

——《大型飞机公共航空运输承运人运行合格审定规则》（CCAR-121R4）U章

实施补充运行的飞机在地面停留超过6小时时，应当重新签署新的飞行放行单，否则不得继续飞行。

签派放行责任

签派员在签派放行单上签字，表示该次飞行的起飞、目的地、备降机场和航路的天气条件符合公司规定的安全条件，有关该次飞行的其他各项条件均符合公司安全运行标准。

当签派员与机长对是否放行该次飞行意见不一致时，不可以放行。此时，签派员和机长再次研究备降机场条件，如果不符合要求则重新选择备降机场，直至签派员和机长一致认为符合安全和飞行要求，并重新制作计算机飞行计划。在授权的签派员和机长一致同意放行前，任何人不得允许该飞机起飞。

小帖士

飞行签派员可以委托他人签署签派放行单，但是不得委托他人行使其签派权。

签派员和机长共同在签派放行单上完成签字，签派放行即生效。

当存在运行风险时，签派员应及时提醒机长。

2. 签派放行规则

不同运行情况下的签派放行规则

- ○ 目视飞行规则的签派或者放行
- ○ 仪表飞行规则的签派或者放行
- ○ 跨水运行的签派或者放行
- ○ 仪表设备失效时的签派或者放行
- ○ 结冰条件下的签派或者放行
- ○ 从未列入运行规范的机场起飞

提示

签派放行中因人员疏忽，可能发生以下差错：

★起飞前有影响航班运行的天气、通告，但忽视了影响航班的重要天气、通告；

★航路、高度层选择错误；

★对飞机是否适航判断错误；

★对天气是否适航判断错误；

★对航班的紧急程度或特殊性质判断错误；

★对于航班机型、机场、航线的运行是否符合运行规范要求，未认真检查等。

小帖士

不同运行情况下的签派放行规则在《大型飞机公共航空运输承运人运行合格审定规则》（CCAR-121）中有明确规定。

禁止签派放行的情况

凡遇以下这些情况，禁止签派放行飞机。
防劫持预案
准备质量不合格
机组未进行飞行前准备未制定防劫持预案或者准备质量不合格时，禁止签派放行！

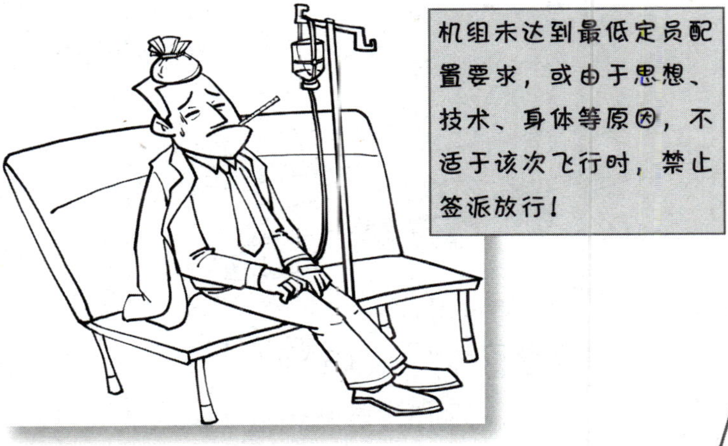
机组未达到最低定员配置要求，或由于思想、技术、身体等原因，不适于该次飞行时，禁止签派放行！

飞行人员执照
飞行任务书
签派放行单
航行资料
气象情报
未携带
飞行机组未携带飞行任务书、签派放行单、航行资料及其他必需的各类飞行文件或机载资料不全时，禁止签派放行！
气象情报、飞行人员执照、
航行情报资料
未校对
飞行机组未校对该次飞行所需的航行情报资料时，禁止签派放行！
机场关闭期间，禁止签派放行！
机场关闭

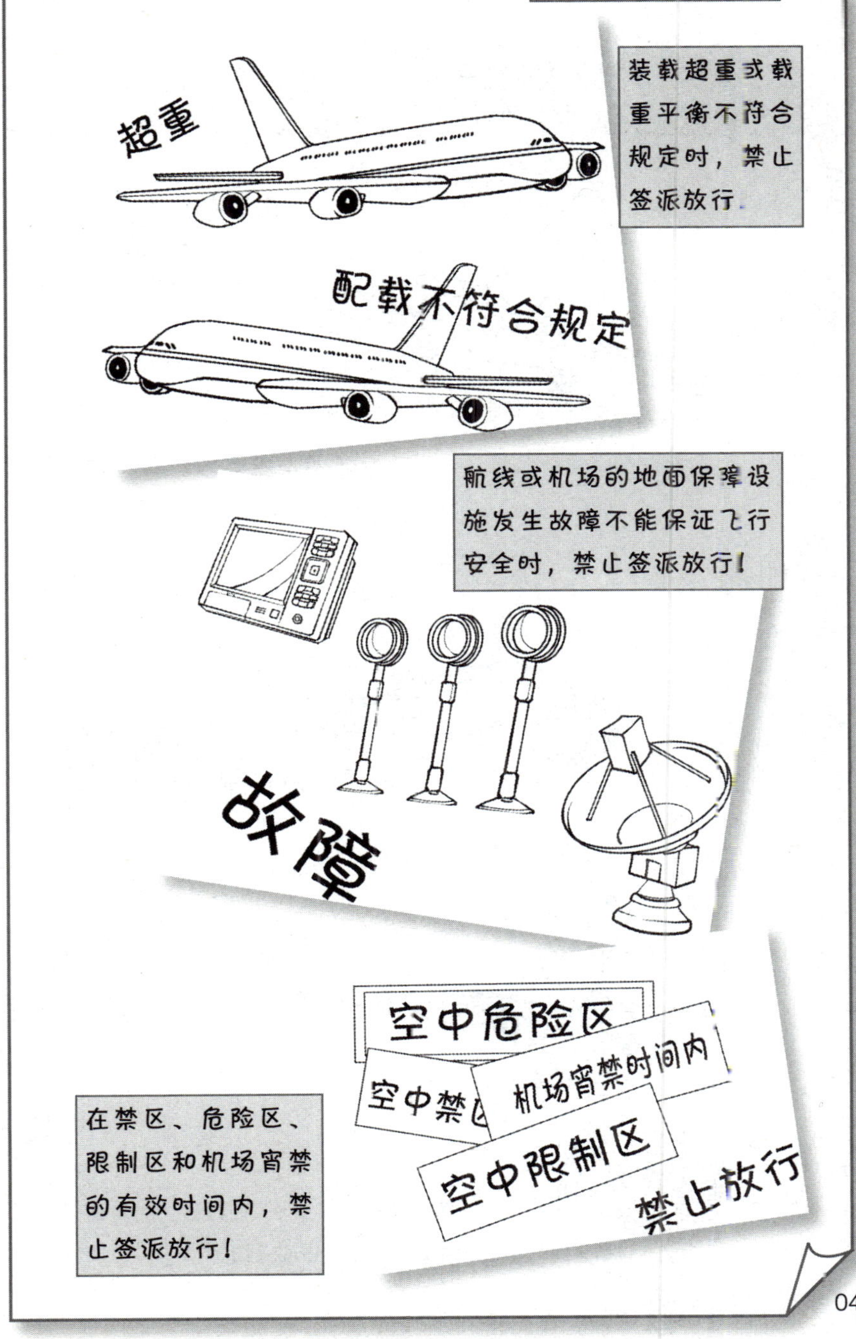
超重
装载超重或载重平衡不符合规定时，禁止签派放行.
配载不符合规定
航线或机场的地面保障设施发生故障不能保证飞行安全时，禁止签派放行！
故障
空中危险区
空中禁区
机场宵禁时间内
空中限制区
禁止放行
在禁区、危险区、限制区和机场宵禁的有效时间内，禁止签派放行！

飞机存在低于最低设备清单规定的故障时，禁止签派放行！

飞机表面覆盖有冰、雪、霜时，禁止签派放行！

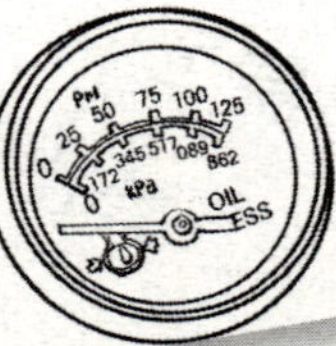

低于规定数量的航行备用燃油时，禁止签派放行！

3. 飞行计划

飞行计划的制作

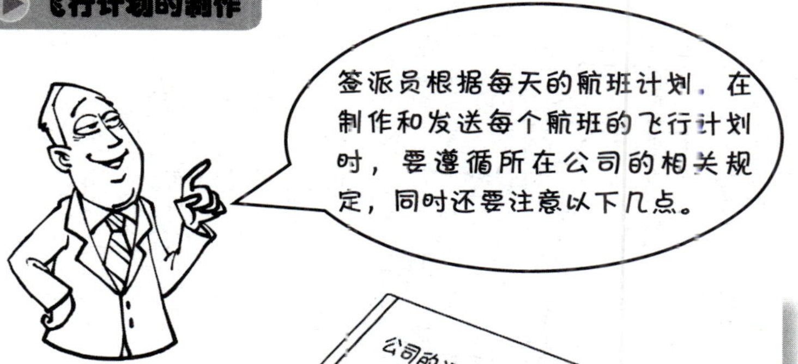

确定航班是否为ETOPS运行，是否飞经RVSM、RNP、CPDLC、ADS-B运行区域，机场是否执行RNAV运行。

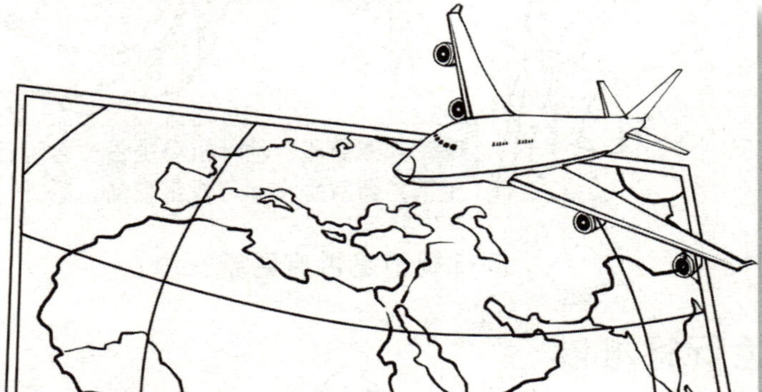

确定航班航线是否需要地形限制和跨水影响。

确定航线航段是否
有单发飘降程序。
CDL清单
MEL清单
检查相关MEL/CDL项
目，制作飞行计划。

查询并研究航行通告和天气形势，并确定是否可以使用正常的航路和高度层。

提示

在制作飞行计划时，因人员疏忽，容易出现以下差错：

★查找手册错误；

★查询运行规范错误；

★需要在MTOW中输入相关数值时，起飞限重表查询错误；

★订购资料、制作航线手册及资料时，航线资料不全；

★判断是否是ETOPS等特殊运行时，分析结果有误；

★制作备降航路时，设置有误；

★未检查航行资料的提供方式是否可行；

★所制作相关的图表不符合规章；

★提供运行合格审定资料时，资料内容不完整等。

小帖士

在制作飞行计划时还应注意限制重量、备降机场、燃油政策等因素，具体内容将在后续内容中表述。

飞行计划的检查

- ★航路代号是否为所选择的航路代号？
- ★备降场是否为所选择的机场？
- ★燃油政策是否正确？
- ★业载信息是否正确？
- ★高度层是否符合要求？
- ★飞行高度是否有段时间大幅度变动？
- ★有无选择的ETOPS信息、二次放行信息？
- ★额外燃油是否足够？

4. 放行评估

气象条件

根据相应的天气实况报告、预报或者两者的组合，表明在签派放行单中所列的每个机场的天气条件，在飞机预计到达时处于或者高于公司运行规范规定的最低运行标准，否则不得签派或者放行飞机。

小帖士

当目的地机场天气转差时，应向机组发送目的地天气情况；同样，航班备降时必须发送备降场天气，并检查备降场是否满足落地条件。

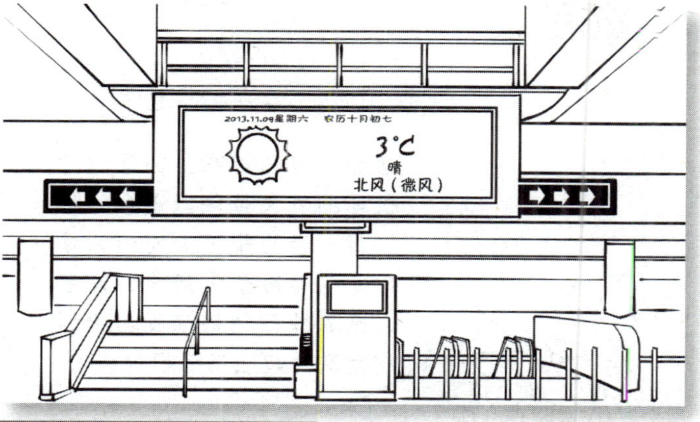

机场的天气实况报告和预报

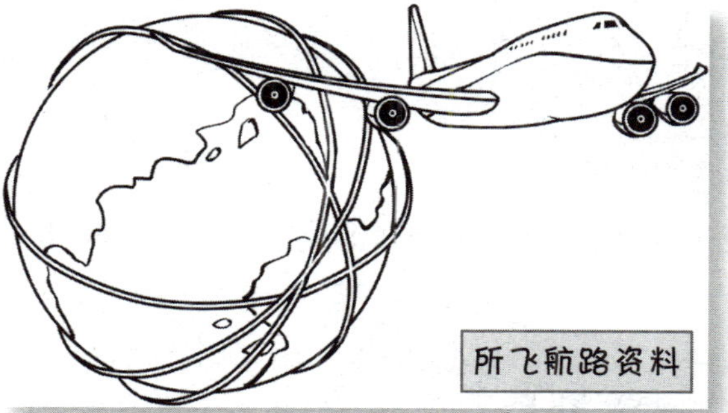

所飞航路资料

其他有关的气象资料

备降机场

目的地备降机场的选择

（1）仪表飞行规则国内定期载客运行的目的地备降机场。

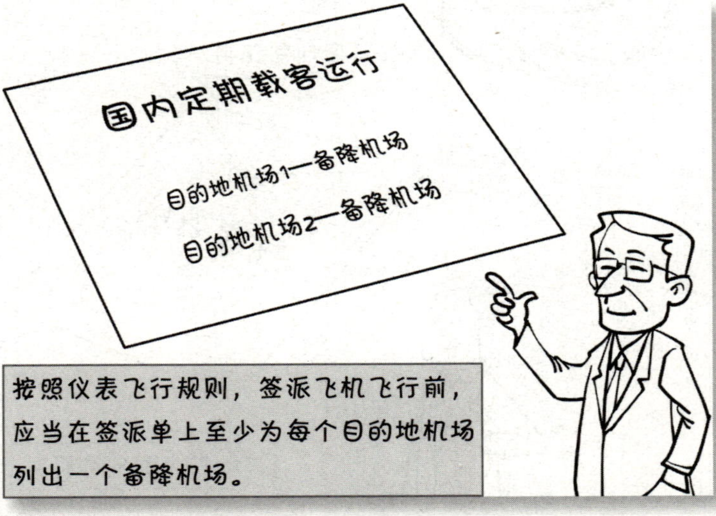

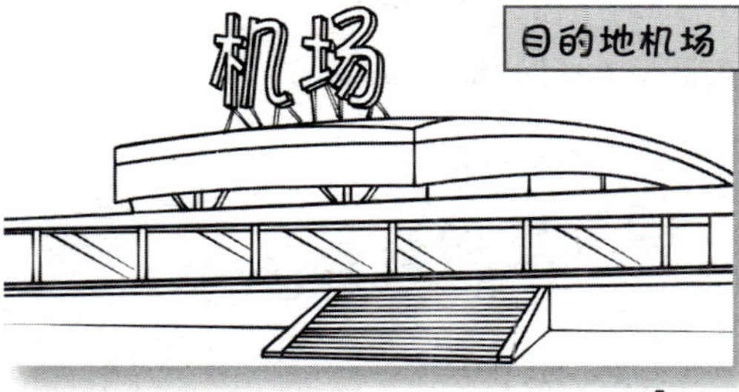

目的地机场

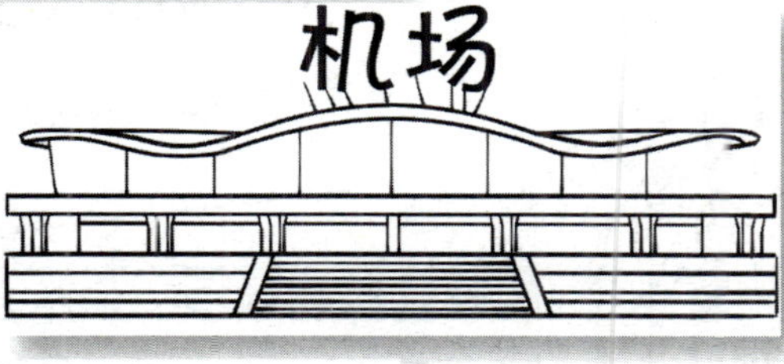

第一备降机场

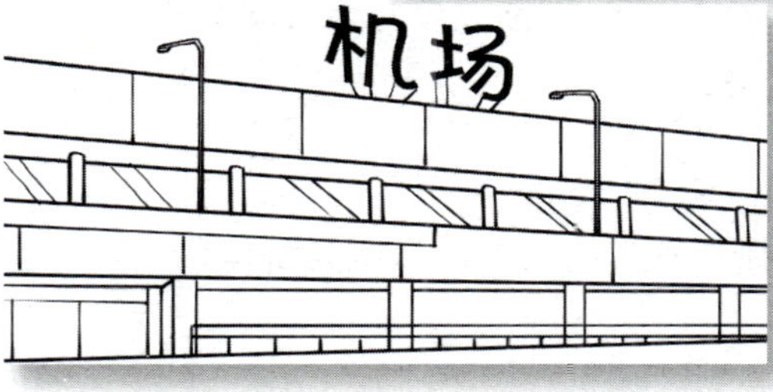

再指定至少一个备降机场

当目的地机场和第一备降机场的天气条件预报都处于边缘状态时，应当再指定至少一个备降机场。

小帖士

起飞备降机场应满足的要求在《大型飞机公共航空运输承运人运行合格审定规则》（CCAR-121）中有明确规定。

小帖士

在各种运行情况中，如果达到相关要求则可以不选择目的地备降机场。具体要求在《大型飞机公共航空运输承运人运行合格审定规则》（CCAR-121）中有明确规定。

（2）国际定期载客运行的目的地备降机场。

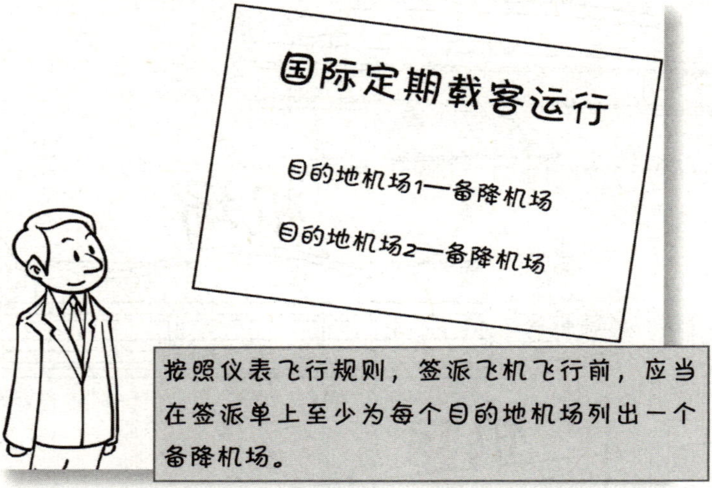

（3）仪表飞行规则补充运行的目的地备降机场。

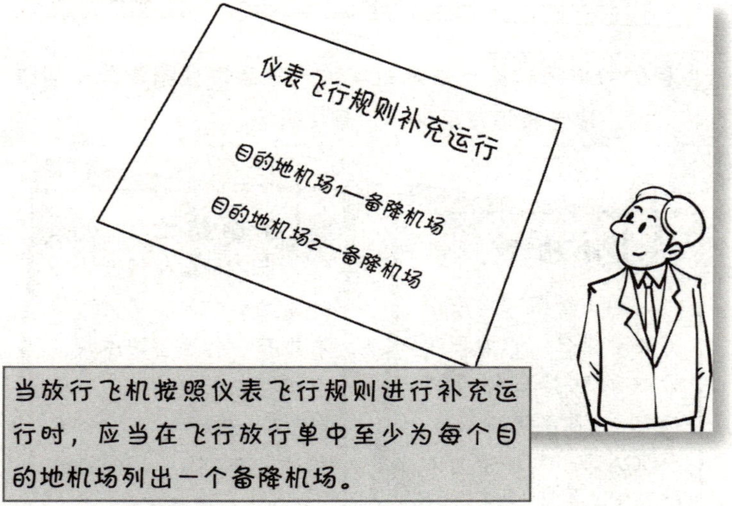

备降机场最低天气标准

在按照CCAR-121部实施的运行中，对于签派或者飞行放行单上所列的备降机场，当飞机到达该机场时，其天气条件等于或者高于合格证持有人运行规范规定的备降机场最低天气标准。

小帖士

合格证持有人运行规范规定的备降机场最低天气标准的相关要求在《大型飞机公共航空运输承运人运行合格审定规则》（CCAR-121）中有明确规定。

提 示

在选择备降机场时应注意避免出现以下差错：

★未按规定选取备降机场或等时点信息；

★选择起飞、目的地及航路备降机场，选择的备降机场不符合；

★检查相关备降机场的航路通告，确定可用机场时，遗漏通告；

★对相应的备降机场进行性能分析，确定最后的备降机场清单时，所确定的备降机场不符合；

★通报机组并协助机组作出改航备降等决定时，处理过程中未做好请求汇报工作；

★通知动态管理部门和相关机场地面保障部门时，忘记通知有关航班备降信息等。

燃油政策

签派员和飞行员利用在制订飞行计划时所取得的有关信息和资料确定该次飞行中所需的燃油量。

燃油管理责任

在飞机飞往目的地机场的过程中，飞行员和签派员共同承担机上燃油消耗的监控和剩余燃油对继续完成安全飞行的责任。

国内定期载客运行的燃油量要求

无论何种类型发动机的飞机，国内定期载客运行的燃油量应当满足《大型飞机公共航空运输承运人运行合格审定规则》（CCAR-121）中的规定。

国际定期载客运行的燃油量要求

在国际定期载客运行中，不同类型的飞机应满足不同燃油量的要求，主要涉及以下几种类型的飞机：

★涡轮螺旋桨发动机飞机；

★涡轮螺旋桨发动机飞机之外的涡轮发动机飞机；

★非涡轮发动机飞机。

补充运行的燃油量要求

如果放行飞机实施的运行中没有国外机场，在放行飞机或者使该飞机起飞时，应当在考虑到预计的风和其他天气条件后，使飞机装载足够的燃油以满足《大型飞机公共航空运输承运人运行合格审定规则》（CCAR—121）中对燃油量的要求。

如果放行飞机实施的运行包含有一个国外机场，无论有无规定的备降机场，装载的燃油量按照国际定期载客运行的要求计算。

小帖士

国际定期载客运行的燃油量相关要求在《大型飞机公共航空运输承运人运行合格审定规则》（CCAR-121）中有明确规定。

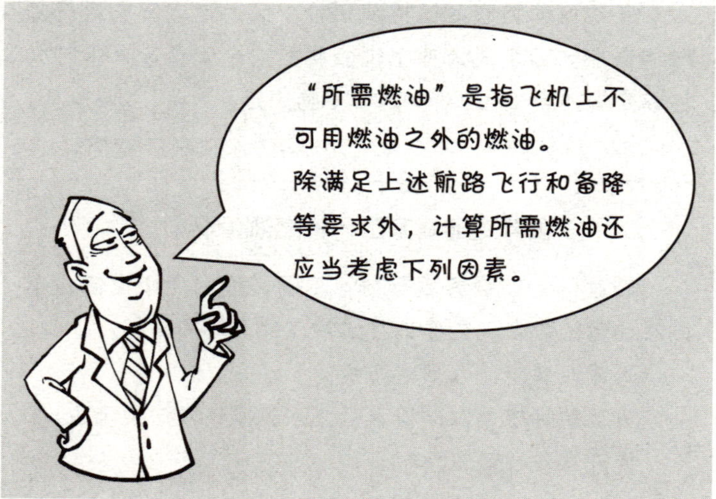

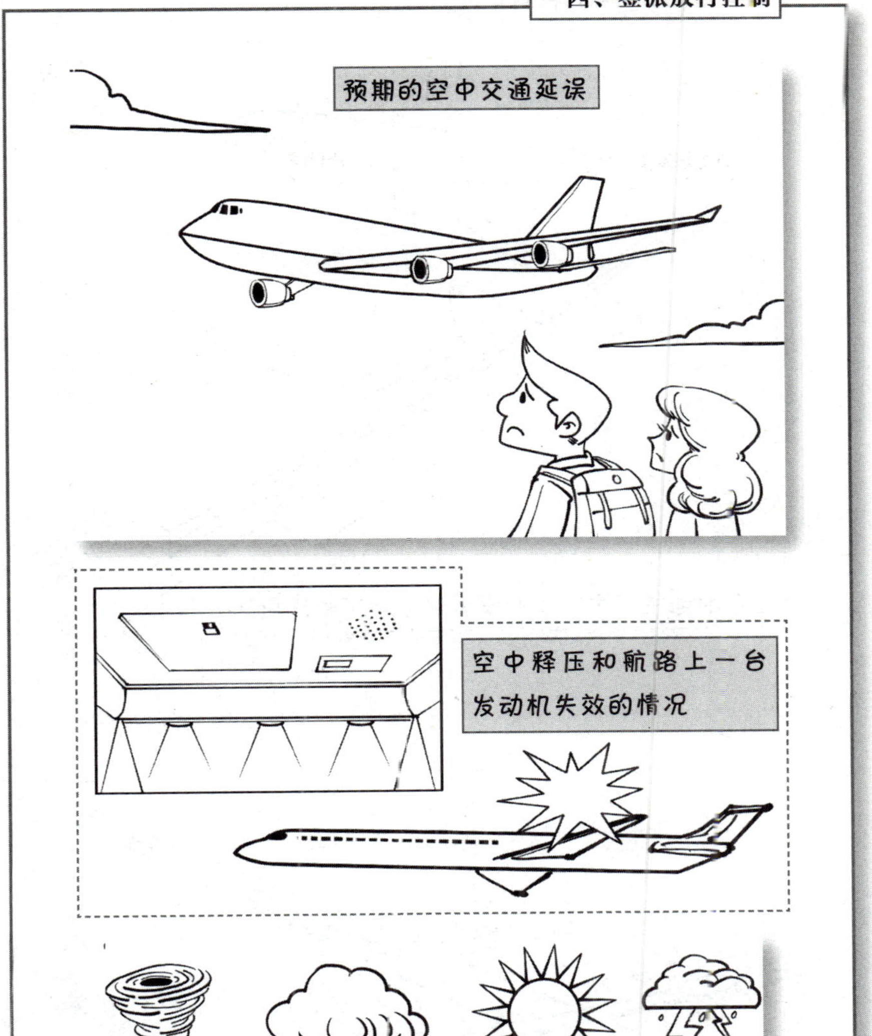
预期的空中交通延误
空中释压和航路上一台发动机失效的情况
风和其他天气条件预报

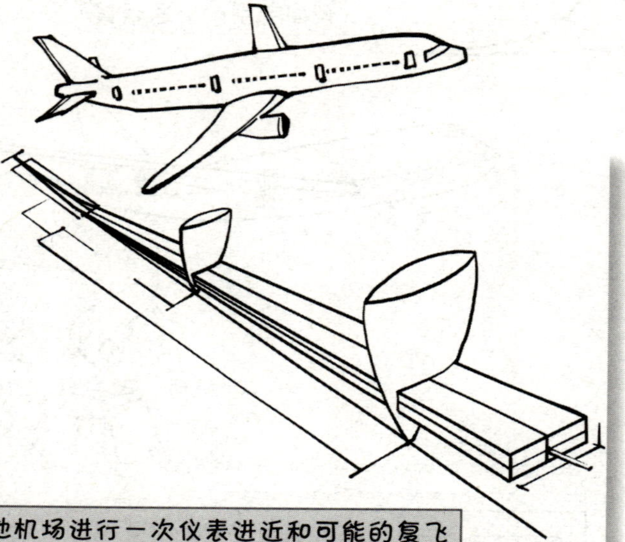

在目的地机场进行一次仪表进近和可能的复飞

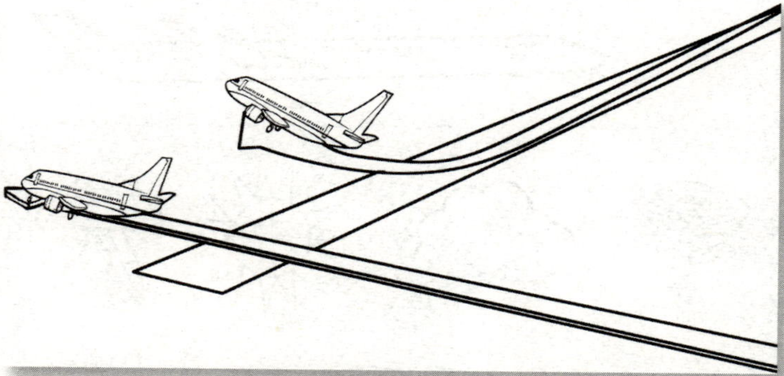

可能延误飞机着陆的任何其他条件

飞行前的燃油计划

一般情况下，根据CCAR-121R4部规定的最低燃油要求，制订飞行前燃油计划应考虑的因素包括：

- 滑行油量
- 航路油量
- 航路备份燃油量
- 备降油量
- 备用油量

应综合考虑下列因素确定计划加油量：

★预计的空中盘旋等待；

★因航路天气原因改航、绕航；

★机场的油料供应条件；

★ATC的限制；

★地面延误超出正常的滑出至起飞时间；

★由于MEL／CDL限制所造成的额外用油。

提示

燃油是为飞机提供动力的基础物质，在制订飞行计划和飞行过程中对燃油的有效管理是飞行签派员的重要职责，应注意：

★在航线结构相似、存在放行油量混淆的风险时，应认真确认航线结构，正确计算油量；

★随时注意飞行计划的更新情况，避免错误选择燃油政策；

★计算油量时，应注意目的地机场是否能提供加油服务，避免遗漏制作回程油量。

★签派员应对国际远程航班预计无燃油重量的变化进行持续监控，对配载部门最后一次无油信息的更新及时跟踪，并对飞行计划作出相应更改，确保航班适当加油。

载重平衡

载重平衡人员为每次飞行制作并签发装载舱单，交机长核实其正确性。

载重平衡人员对其制定的装载舱单的正确性负责，机长在收到并核实装载舱单正确无误后方可起飞。

签派员根据载重平衡人员的报告，确认该次航班的装载重量小于最大允许起飞全重以及装载重心在允许的范围之内。

运行标准

根据对飞行航线、飞行高度和运行标准等方面的评估，确保该次运行所选择的航路和列入放行单的起飞、目的地、经停和备降机场都符合公司运行规范和《运行手册》的要求。

对于定期载客运行，在每次飞行前，只有通过航行情报服务，确认在航路批准时所要求的通信导航设施处于良好工作状态，能够满足CCAR-121部的运行条件，方可以签派或者放行飞机在该航路或者航段上飞行。

除出现紧急情况外，航空公司只能使用在运行规范中批准的机场，作为正常使用、临时使用、备降和加油使用。在每次飞行前，只有通过航行情报服务，确认这些机场的保障设施符合要求，方可以签派或者放行飞机。

飞行性能

对于公司规定的特殊机场和航线，需要分析其起飞一发失效应急程序、航路飘降程序、失压供氧程序等资料，掌握有关运行限制和处置程序。

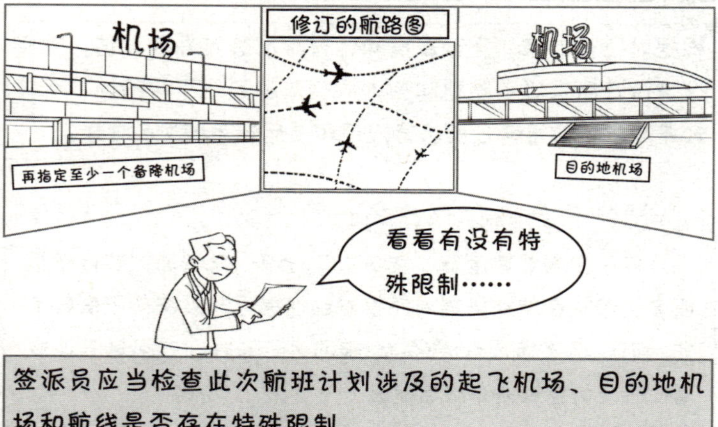

签派员应当检查此次航班计划涉及的起飞机场、目的地机场和航线是否存在特殊限制。

运行限制

飞机适航

飞机使用MEL或CDL条款放行时应考虑的因素：

★ 确认不工作设备是否影响飞机性能和重量限制；

★ 在MEL中查找不工作设备对飞机运行的限制和要求。

机　组

★ 时间要求；

★ 机组训练要求；

★ 是否有新机长或具有特殊运行资质（二类等）。

空中交通管理

★ 及时收集整理空管部门的流量控制信息；

★ 及时将航班不正常情况发布给机组和地面保障部门。

5. 放行决定

放行许可

签派员在完成放行评估后，认为该次飞行各项条件均符合公司的运行标准和要求，方可作出放行许可。当放行评估项目中存在不符合公司的运行标准要求时，签派员应作出延误或取消该次飞行的决定。

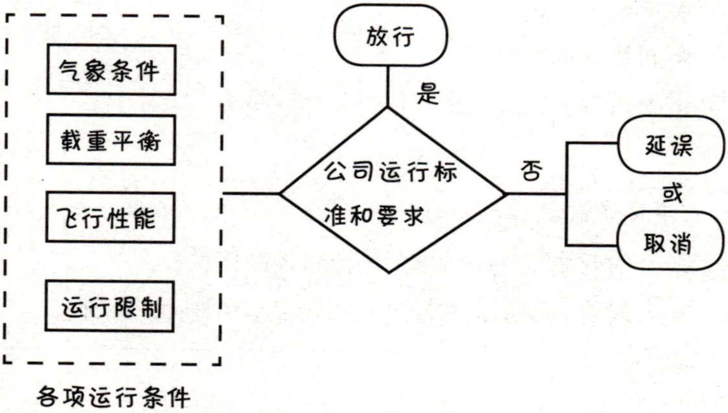
气象条件
载重平衡
飞行性能
运行限制
各项运行条件
公司运行标准和要求
是
放行
否
延误
或
取消

签发放行文件并向机组提供资料

签派员作出放行许可后，应在不晚于公司规定的时间内签发签派放行单，并向机长提供公司规定的所有飞行资料、飞行计划和签派放行单。

提交FPL电报

签派员在完成签派放行后，应在不晚于公司规定的时间内向当地空管部门提交该次飞行的FPL电报。

6. 气象系统

气象情报的来源

控制起飞和着陆的气象实况

飞行签派员必须在本场起飞、着陆或开始进近之前收集和使用当前的气象实况。

实况中的能见度和云高是控制这些运行的主要因素。

实况中的跑道视程(RVR)、能见度(VIS)以及观测员在使用的跑道上观测的跑道能见度观测值(如果能收集到的话)，则对控制运行起决定作用。

签派放行的气象资料

远程飞行时所使用的气象预报

★签派放行远程飞行时，气象预报比当前的气象实况的作用更为重要。

★当目的地机场的当前气象实况低于经批准的最低标准，而预计到达时的气象预报表明则又处于或高于经批准的最低标准时，该次远程飞行是可以签派放行的。

有限的气象资料情况下的签派放行

飞行签派员如果在有限的气象资料情况下放行飞机（例如，当某个气象台站的地面观察在每小时的顺序气象实况报告中发生了遗漏时），飞行签派员或机长在这样的情况下放行飞机，必须做到：

★ 使用在目前条件下能够收集到的所有有关气象实况或气象预报。

★ 考虑到签派放行后可能得到不利的气象实况报告，则应事先做好处理这种情况的足够应急计划。

气象系统与其他系统/人员的关系示意图

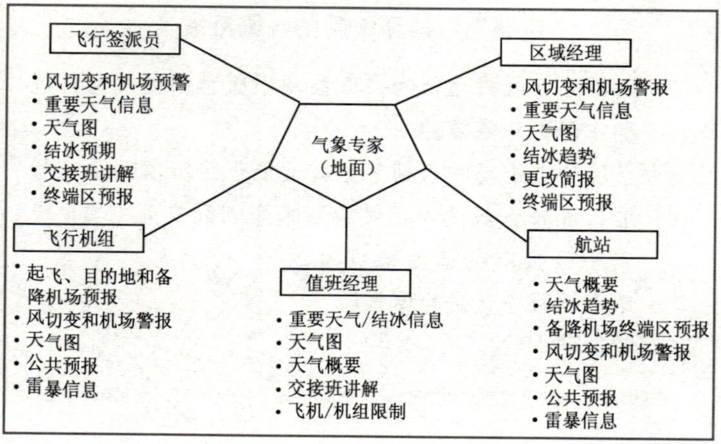

气象系统与其他系统/人员的关系示意图

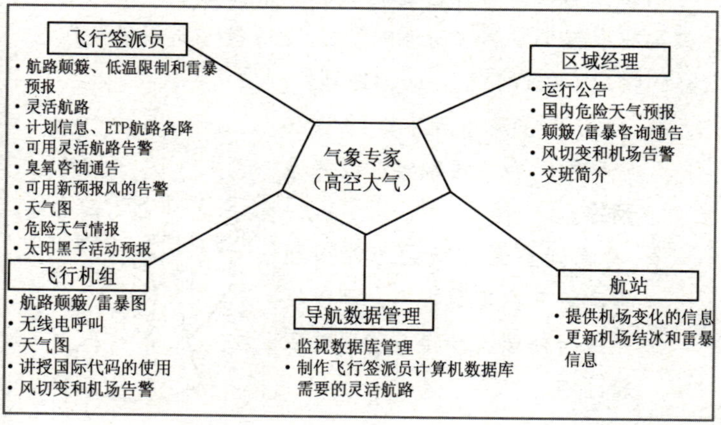

7. 载重与平衡控制

★ 确保每次起飞前的装载在允许的重量和重心范围内。

★ 载重平衡的作业与控制必须遵守规章和机型结构、性能以及运行条件限制、执行规定的计算、图表绘制万法和控制程序。

★ 对飞机的机型结构重量和重心必须严格监控。

★ 机长和签派员必须对起飞油量和航路耗油达成一致意见，并由签派员将起飞油量、航路耗油通报给载重平衡部门。

★ 参与载重平衡作业与控制的人员，必须经过培训，并取得岗位资格证书。

重量限制

使用载重平衡手册确定该航班的以下重量并满足公司规定的重量限制条件。

如不能满足任何一项条件，则应减少业载，直到满足重量限制要求为止。

★ 最大起飞重量；

★ 最大着陆重量；

★ 最大无油重量；

★ 最大业载量。

小帖士

飞机最大重量分为最大无油重量、最大起飞重量、最大滑行重量和最大着陆重量。各种重量和最大许可业载的含义及计算方法在公司的运行手册中有明确规定。

重心及重心许可范围

飞机各部分都有重力，这些重力的着力点就称为飞机的重心点。计算飞机的重心点可以明确：

无油重心位置

起飞重心位置

配平重心位置

提示

每种机型的飞机对重心的前后移动都有一个限制范围，以确保飞行安全以及便利操纵、节省燃油，这个限制范围称为飞机的重心许可范围，飞机的重心不得超过其前限和后限。

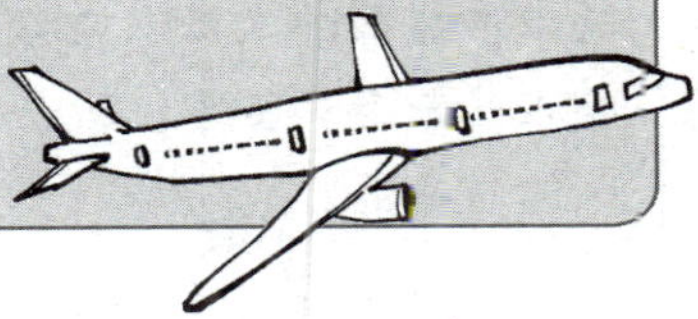

飞机的载重

计算飞机的载重可以明确：

★机上的业载量可许可加油量；

★飞机的起飞及落地重量；

★起飞及降落时飞机的滑跑长度；

★起飞速度；

★飞行高度；

★所需的引擎推力；

★落地速度。

计算飞机的载重时除了飞机本身的重量外，还要考虑：

★旅客的重量；

★行李的重量；

★货物及邮件的重量和燃油的重量等。

装载舱单的要求

在每架飞机起飞之前，合格证持有人应当制定装载舱单，并对其准确性负责。合格证持有人负责管理飞机舱单和装载的人员，或者由合格证持有人授权的其他合格人员制定并签字。机长在收到并核实装载舱单后方可以起飞飞机。

装载舱单的要求

收集所需的各类基本数据：
- 飞机的基本数据、油量等信息；
- 机组相关信息；
- 座位分配信息等。

根据搜集数据作出预计业载；将预计业载数据通知签派员，同时通知货运部门如何装载货物。

在航班关闭值机手续之后，应根据最新的数据作出装载舱单。

装载舱单的内容

装载舱单应当包含飞机在起飞时有关装载情况的下列信息。

飞机

燃油和滑油

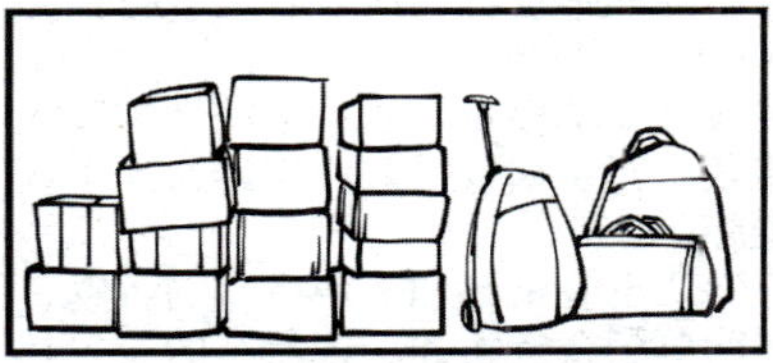

货物和行李

乘客和机组人员

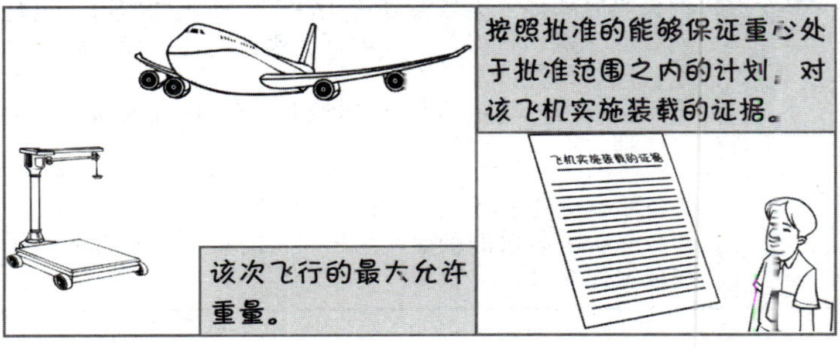

配载平衡工作中的相关职责及工作接口（示意）

部门／人员	职　责
配载平衡	负责收集、计算航班配载平衡所需的所有数据记录； 负责制作并向机长提供该航班载重平衡表，并拍发相关载重电报； 对于不符合重心和／或重量要求的装载，作出合适的调整，并将对装载重量的调整情况及时反馈给主控签派员。
值机	航班预计离港前 30 分钟，将反映此次飞行中分布在飞机上各区域乘客的人数及其携带行李数和重量的统计资料提交配载平衡员。
装卸队	确保货物和／或行李按照装机通知单装机； 装卸工对装机和放置负责，不允许改变配载计划而将货物行李置于允许的货舱范围之外； 需要改变装载计划时，装卸队负责人必须通知配载平衡部门，并取得变更许可。
监装员	装机过程中，严格按配载装机单监督装机，凡发现货物破损、散包、液体外溢等异常情况，应对货物进行详细记录，并交有关部门处理； 装机完毕后，根据装载通知单核对货物是否按规定装入不同的舱位和实际装载位置，如有误差应立即通知平衡室，并进一步了解其原因； 在装卸过站飞机时，确认没有错卸和／或少卸的货物，核实货舱剩余情况与舱单剩余货物和／或行李的位置相符，并将不正常情况及时通报给载重平衡部。
飞行签派	根据当时的外界大气温度（OAT）、使用的跑道、飞行航线、飞机和航路天气等因素，确定允许的最大起飞全重，通知载重平衡部； 将与机长协商确定的起飞油量和计划航段耗油通知载重平衡部。
机长	监督检查飞机按照装载计划进行装载； 核查飞机配载表准确地反映出飞机的重心和起飞重量并在规定范围内。

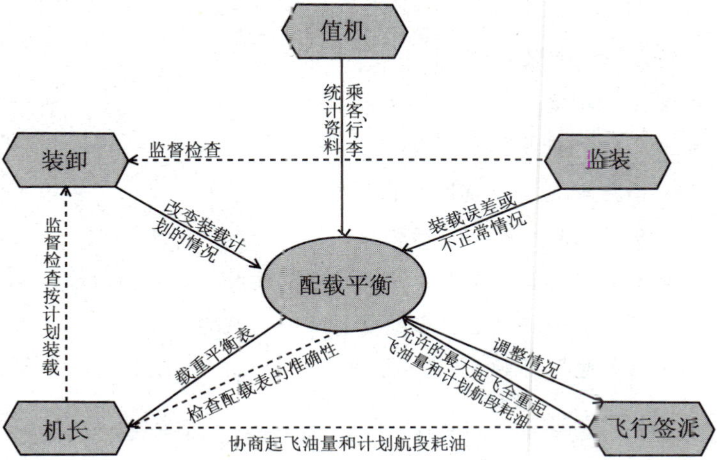

8. 航务情报

运行控制中心应搜集和整理的航行资料：

航班签派所需资料：

★ 起飞机场；

★ 目的地机场；

★ 备降场(起飞、航路、目的地)；

★ 加油机场/临时使用机场；

★ 航线周围有可能在正常和非正常情况下使用的机场；

★ 所飞区域的高空、中低空及特殊区域的资料；

★ 航行资料汇编（AIP）。

9. 飞机适航控制

在放行飞机前，签派员和机长应当确认该飞机处于适航状态并安装有局方规定的适合于该航线运行的仪表和设备，且根据机务维修部门提供的有关飞机状况信息，对照MEL和CDL，综合考虑航路天气等各种运行信息后认为该飞机适合执行本次航班、不存在影响安全运行的各种运行限制，否则不得签派放行该次飞行。

10. 更改或重新签派放行

当初始签派放行条件发生变化，飞机无法依照原签派放行条件运行时，飞行签派员应通告机长，并进行重新或更改签派放行。通告机组时，应尽量避免在飞行关键阶段通告。

重新签派放行

飞机需要重新签派放行时，飞行签派员应主动重新签派飞机，并按需提供最新的天气资料和航行通告。

主动向机长提供已由其签字的签派放行单或放行电报。

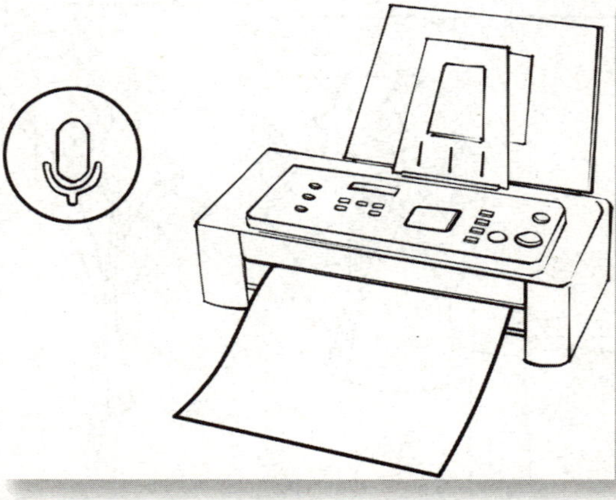

用语音或通过ACARS发送的电子电报的通信方式重新签派飞机。

当飞行运行发生以下情况，继续运行时签派员应重新进行签派放行。

飞机因故返航后再起飞时。

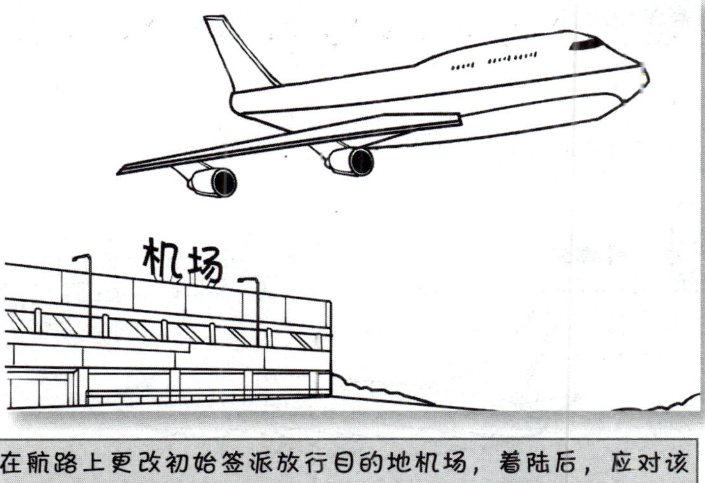

在航路上更改初始签派放行目的地机场，着陆后，应对该飞机重新签派放行。

停留时间超过1小时

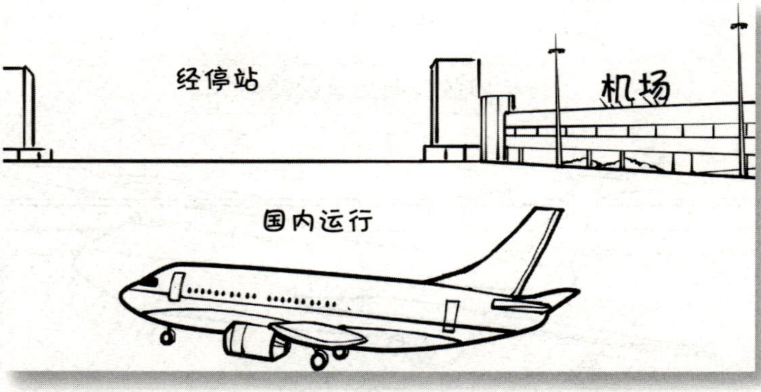

在第一次签派放行的航路经停站地面停留时间超过标准：国内运行1小时，国际运行6小时，飞行签派员应对飞机重新签派放行。

停留时间超过6小时

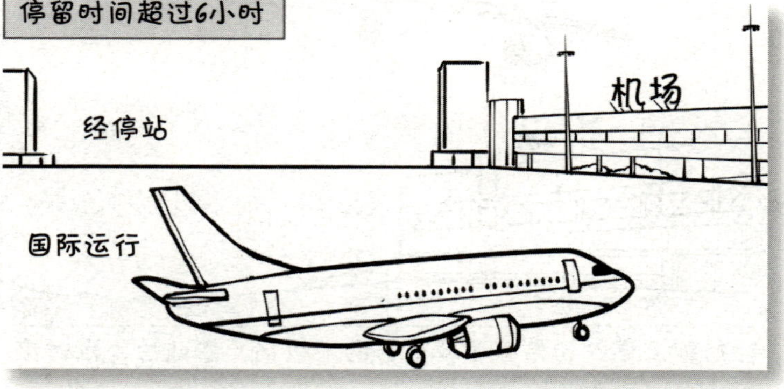

更改签派放行

当飞行运行发生以下情况时，应对原签派放行进行更改：

★更换飞机；

★更换机长；

★飞机出现未列入签派记录的MEL/CDL项目；

★机载燃油发生超过一定范围的变化；

★出现航班不能签派运行的任何情况；

★必须更改初始放行的目的地。

小帖士

重新或者更改放行飞机的相关要求在《大型飞机公共航空运输承运人运行合格审定规则》（CCAR-121）中有明确规定。

提示

更改或重新签派放行时，应避免因人员疏忽出现以下差错：

★更新飞行计划、放行单时未对航班进行重新放行；

★检查运力、机组资源与原航班计划是否匹配，特殊保障要求是否满足时，未及时发现不匹配情况；

★确定航班计划的调整方案时，未注意到飞机不适航或有其他限制；

★ 确定航班计划的调整方案，不符合运行规范；

★确定航班计划的调整方案，机场保障能力不足；

★确定航班计划的调整方案，发生运行延误时，客、货不能妥善安排；

★审核调整方案时，未认真检查，方案失误；

★实施航班计划调整（系统操作）时，操作失误等。

11. 特殊运行的签派放行

二次签派放行

★起飞时所携带的燃油必须满足飞往第一目的地机场的油量政策；

★到达二次放行点时的机载油量符合从二次放行点飞往最终目的地机场的油量政策要求；

★二次放行与初始放行的天气、燃油和航路等要求一致；

★二次签派放行的决定，必须在不晚于二次放行点前2小时内作出。

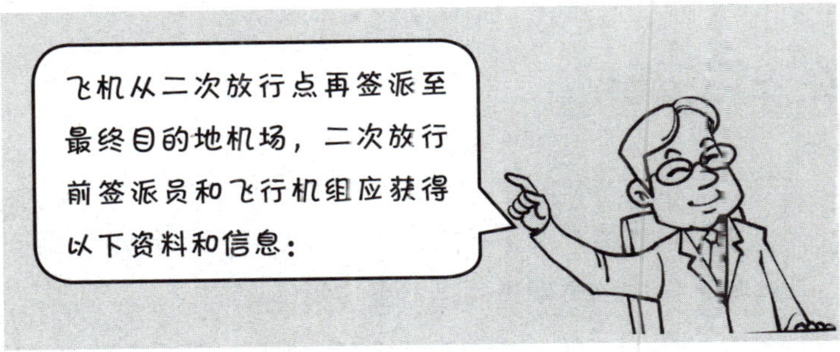

修订的航路图

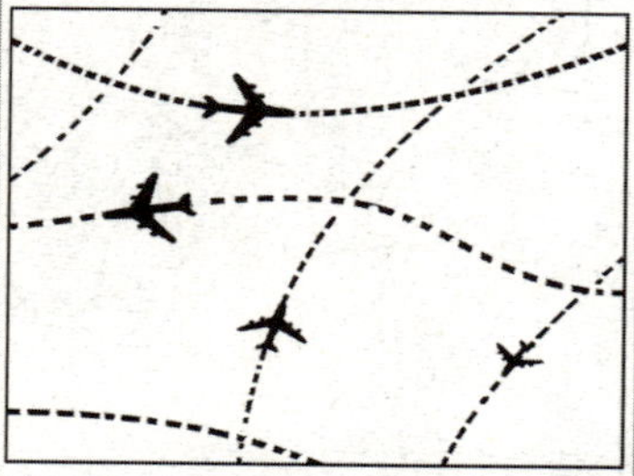

预计到二次放行点的油量

飞行高度

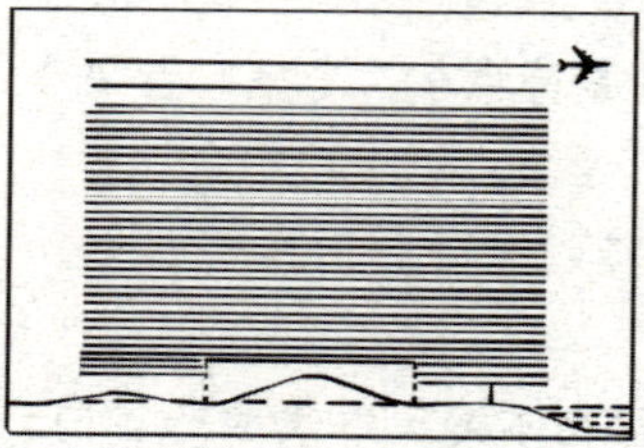

实际业载(由飞行机组提供给放行签派员)

目的地和备降机场的最新天气报告

二类仪表运行

Ⅱ类仪表运行是指决断高低于60 M但不低于30M，跑道视程不小于300M的精密仪表进近着陆。

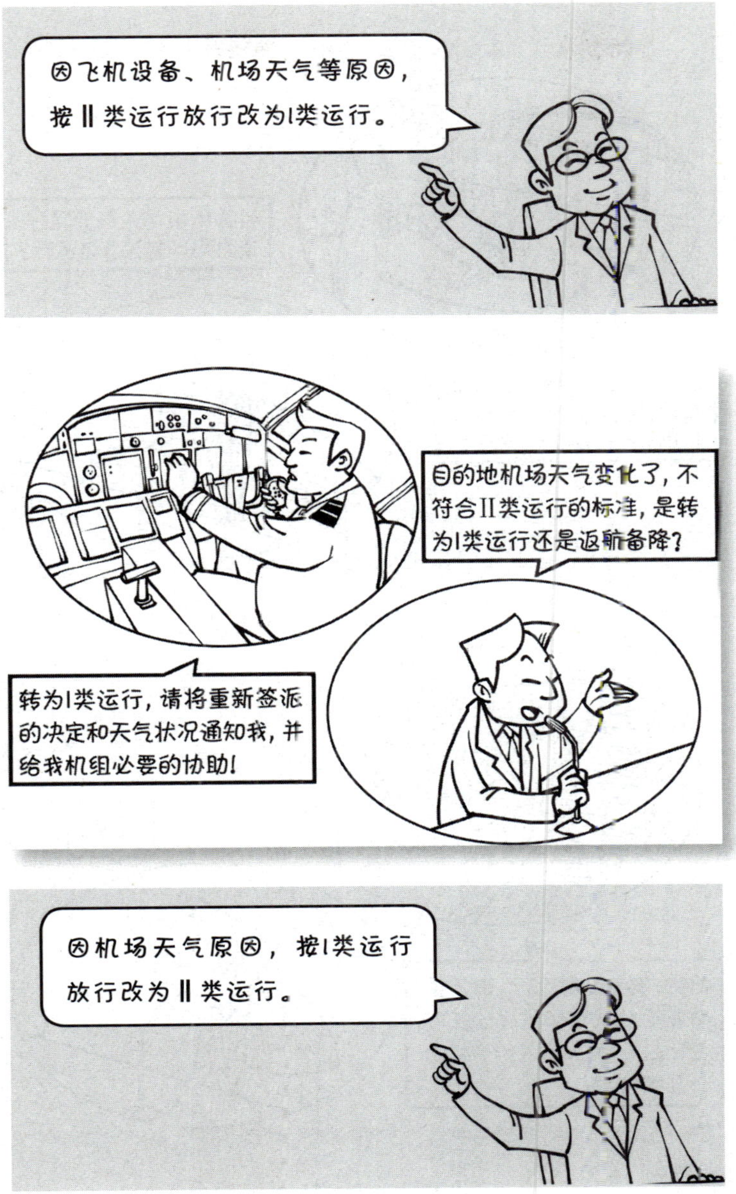
因飞机设备、机场天气等原因，按Ⅱ类运行放行改为Ⅰ类运行。
目的地机场天气变化了，不符合Ⅱ类运行的标准，是转为Ⅰ类运行还是返航备降？
转为Ⅰ类运行，请将重新签派的决定和天气状况通知我，并给我机组必要的协助！
因机场天气原因，按Ⅰ类运行放行改为Ⅱ类运行。

目的地机场天气变化了，是否可以转为Ⅱ类运行？
是否符合Ⅱ类运行检查单和Ⅱ类运行规定的情况？

符合。
好的，转为Ⅱ类运行，请将重新签派的决定和机场的天气变化趋势通知我，并给我机组必要的协助！

RVSM运行的签派放行

★ 飞机飞行航线和高度在RVSM空域和飞行高度层范围以内；

★ 公司已获得飞机飞行航线经过RVSM空域所需的运行批准；

★ 将签派进入RVSM空域的飞机已获得RVSM运行批准；

★ 将签派进入RVSM空域的飞机无操作上的限制；

★ 将签派进入RVSM空域的航班的ICAO飞行计划中的第10项（设备）正确反映RVSM的批准状态；

★ 审查进入RVSM空域航班的航路天气报告和预报；

★ 将签派进入RVSM空域的飞机满足与RVSM相关的MEL的系统要求。

终端区RNAV运行的签派放行

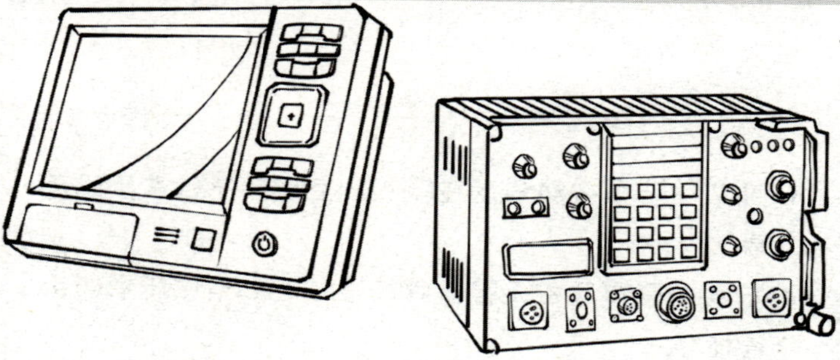

签派放行人员和飞行机组必须确认终端区RNAV运行所需的地面导航设施在预计运行期间是可用的；所使用的飞机具有所飞航线必备的机载导航设备。

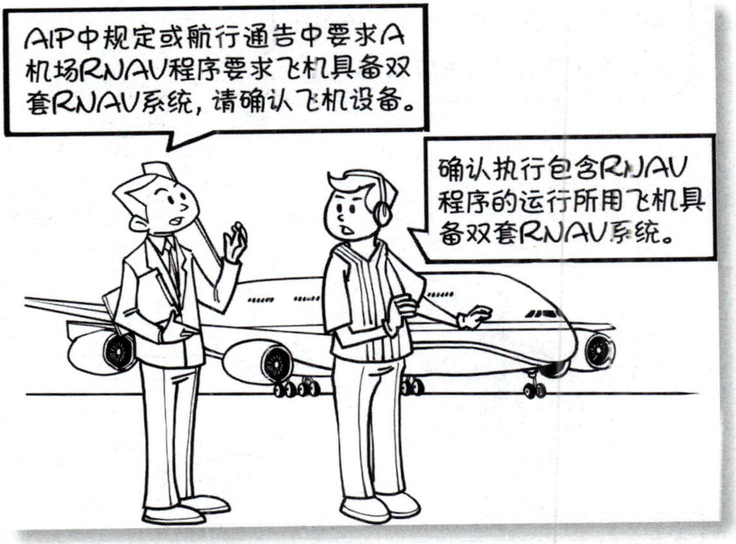
AIP中规定或航行通告中要求A机场RNAV程序要求飞机具备双套RNAV系统，请确认飞机设备。
确认执行包含RNAV程序的运行所用飞机具备双套RNAV系统。

好的，该机按RNAV运行放行，我会通知机组。

第三，飞机只使用单独的GPS实施RNAV运行时飞机的RAIM(接收机自主完整性监视)功能确认。

飞机只使用单独的GPS实施RNAV运行，请确认飞机的RAIM(接收机自主完整性监视)功能是否正常。
确认正常。

收到。
最新通告卫星可用，请确认。

第四，签派放行人员必须确认飞行机组具有实施终端区RNAV运行的资格，所使用的飞机已被批准实施终端区RNAV运行。
确认……
有实施终端区RNAV运行的资格。
已被批准实施终端区运行。
第五，对于有故障的飞机，必须确认MEL中与RNAV运行相关的条款已被满足。
小帖士
如不符合上述要求，签派人员不得放行、飞行机组不得执行实施终端区 RNAV运行的航班任务。

在完全符合且航线所经终端区开放RNAV运行的情况下，签派人员应向空管部门申请终端区RNAV运行，并放行飞机和机组执行此项运行。

对于申请终端区RNAV运行的航班，应在其飞行计划(FPL)第10项中填写 “P” ，同时在放行单备注栏内标注“RNAV”。

RNP 运行的签派放行

至少两套独立的惯性导航系统(INS)。

至少两套飞行管理系统/导航传感器组合(或等效系统)。

至少两套独立的经批准的GPS导航系统。

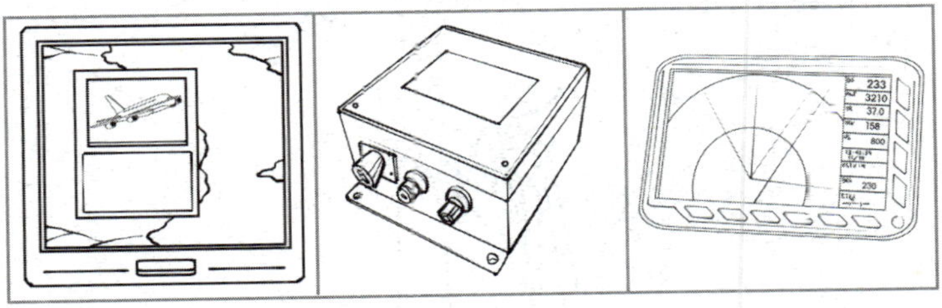

对于申请RNP运行的航班，应在其飞行计划(FPL)第10项中填写“R”，同时在放行单备注栏内标注“RNP”。

ETOPS运行的签派放行

ETOPS运行起飞前

起飞后至EEP前

飞机已起飞，不再执行ETOPS放行时的最低天气标准而执行A机场进近程序的天气标准。
收到。

备降机场的天气预报低于最低天气标准，必须重新选择符合ETOPS运行要求的其他备降机场。
重新选择的备降机场不在批准的最大备降时间的ETOPS运行区域内，请你帮助重新选择飞行航路，并请空管部门批准航路。

在ETOPS航路中合适的备降机场的使用范围无法选择一条符合ETOPS运行区域的航路，机组返航。
收到，返航。

进入ETOPS运行

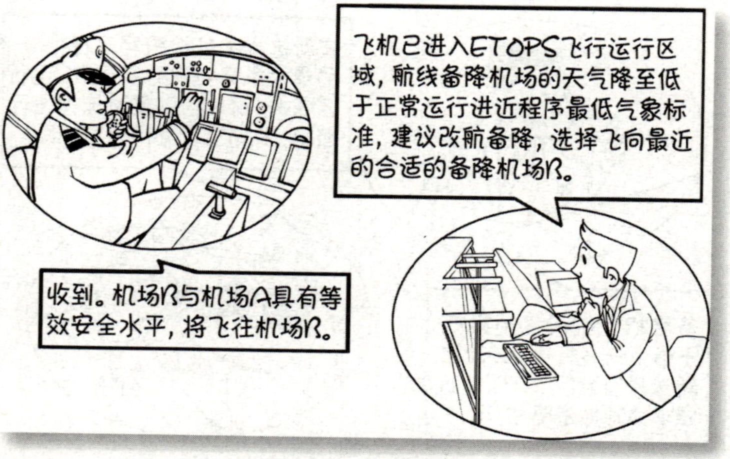
飞机已进入ETOPS飞行运行区域，航线备降机场的天气降至低于正常运行进近程序最低气象标准，建议改航备降，选择飞向最近的合适的备降机场B。
收到。机场B与机场A具有等效安全水平，将飞往机场B。

提示

特殊运行签派中，应避免因人员疏忽出现以下差错：

★在执行ETOPS运行或重点航班时，未对重点航班按要求跟踪；

★在判断是否ETOPS / RVSM / RNP运行时，特殊运行判断错误等。

小帖士

在对以上特殊运行签派放行时，应注意正确判断运行种类，避免判断失误，错误放行！

五、飞行运行控制

1. 监控职责

签派员监控职责

签派员承担的监控责任应从飞机起飞、进入所管辖的控制区或接替别的签派员开始持续到飞行着陆、超出飞行签派员的控制区域（在进入下一飞行区前，应完成与接替飞行监控的飞行签派员之间的交接协调）或由另一名飞行签派员正常换班为止。

（1）与机长保持不间断的独立通信联络，并掌握飞机位置。

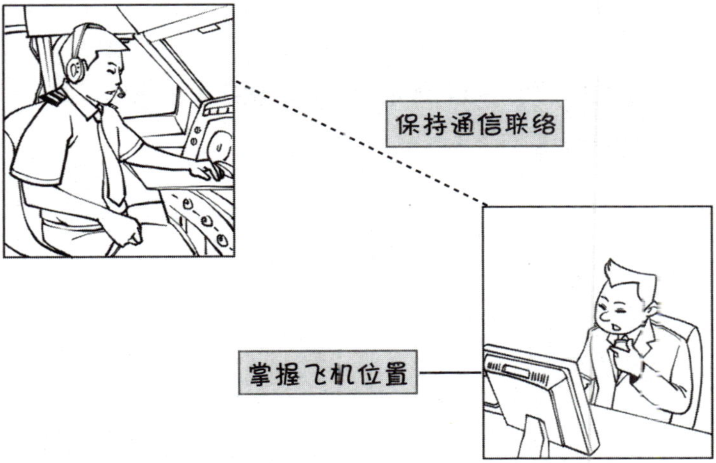

（2）掌握机场天气、航路环境、地面设施、导航设备等一切可能影响飞行安全因素的变化情况，及时准确向机长报告任何可能影响飞行安全的信息，发生紧急情况时提供一切必要的协助。

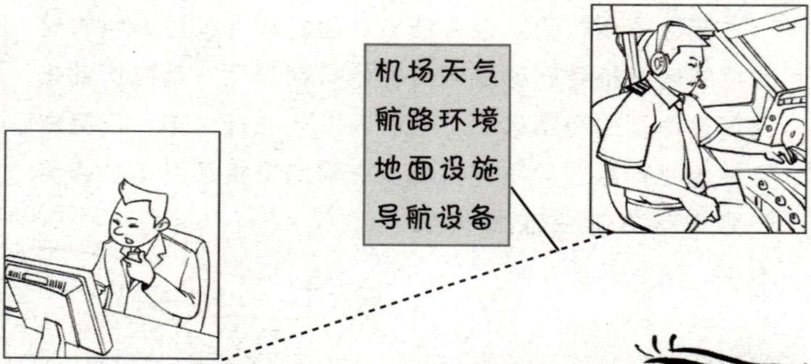

（3）根据机组通报的飞机燃油计划执行情况及剩余油量情况，协同机组共同监控每次飞行的燃油进展情况。

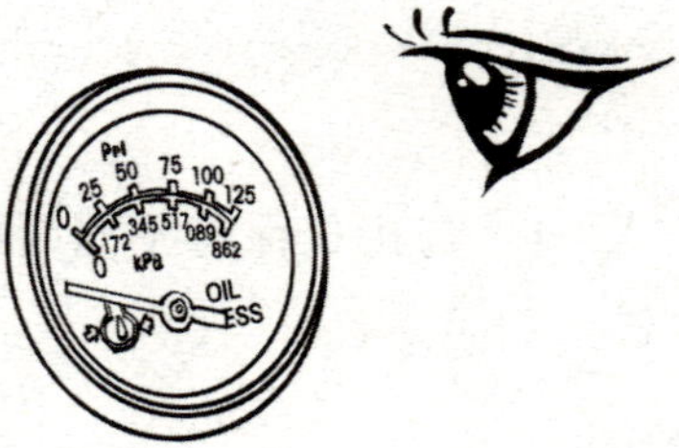

（4）记录与飞行机组的通信内容等运行相关数据，并及时向公司相关部门发布航班运行信息，做好运行保障工作。

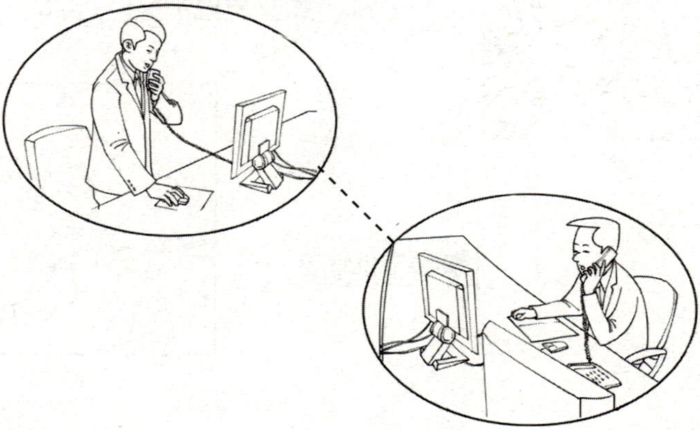

签派员获取信息的方式

签派员除了通过公司的控制系统ASD (AIRCRAFT SITUATION DISPLAY)了解飞机的最新动态之外，还可以使用以下方法获得飞机动态信息。

（1）AFTN、SITA报文的起飞报、延误报和落地报等 。

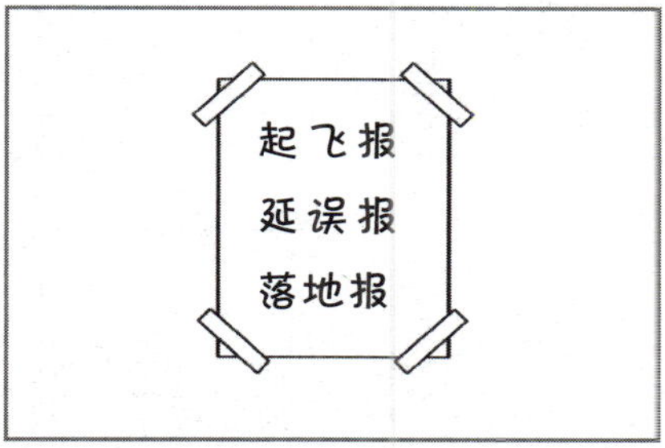

（2）电话询问飞机所在管制空域的空中交通管制员。

（3）机载通信设备，包括VHF、HF和卫星电话等。

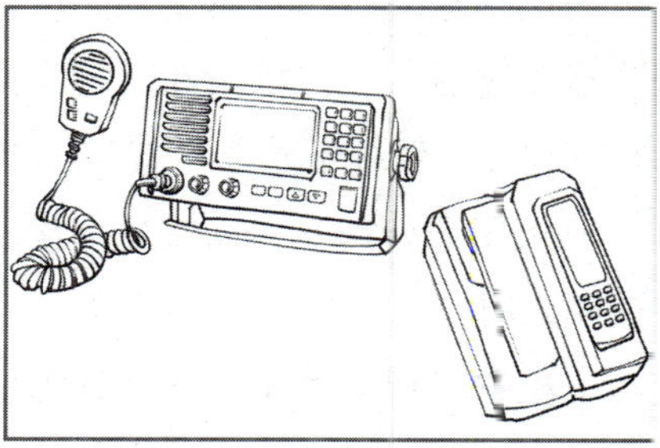

机长在飞行期间应通过公司通信系统与飞行签派员保持联系以互通信息，如公司位置报告点的联系等，以帮助签派员实施飞行监控。

小帖士

在飞行关键阶段，机长与飞行签派员的这种联系应尽量减少或避免，除非这种联系是飞行安全所必需的。

2. 监控内容

飞机位置监控

（1）公司位置报告点的建立。

公司根据飞行运行需要规定公司位置报告点。在公司位置报告点建立后，飞行机组和飞行签派员必须严格按照公司规定执行。在下列情况下建立位置报告点：

★根据运行需要，在航路上设有等时点、临界返航点、临界改航点时；

★根据飞行距离及地空通信状况，认为有必要时；

★机长和签派员协商，认为有必要时。

（2）公司位置报告点的报告内容。

飞机飞越公司位置报告点时应通过公司频率或其他通信手段向飞行签派部门报告下列内容。

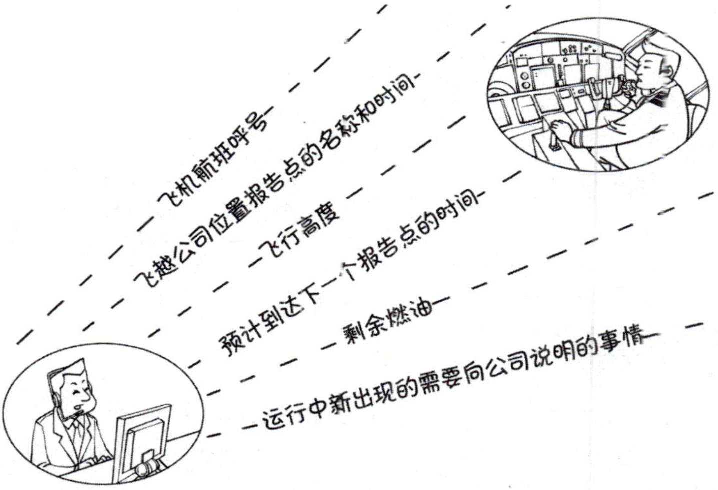

（3）签派员无法收到机组位置报告时应采取的行动。

在预计飞机飞越报告点30分钟后飞行签派员仍无法与机长建立通信时，负责飞行监控的飞行签派员应通过空中交通管制部门确定飞机的飞行状况及位置。如仍不能得到飞机的有关信息，飞行签派员应启动公司搜寻和救援程序。

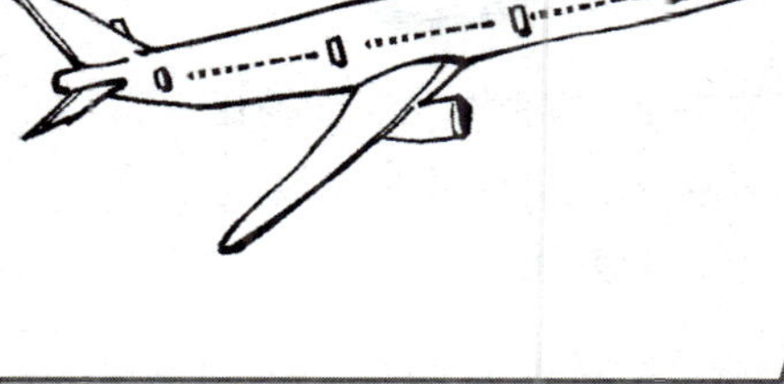

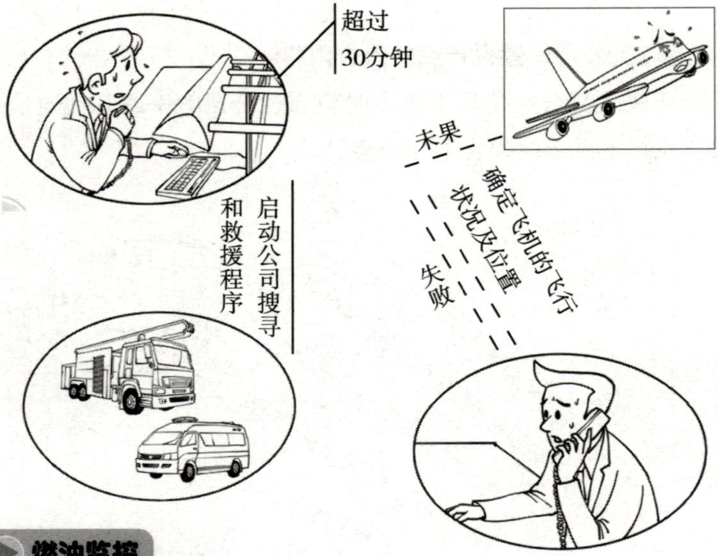

燃油监控

每次飞行，飞行签派员应对飞机的燃油消耗情况和预计的飞机到达着陆机场时的剩余燃油量(EFOA)进行监控并及时作出相应的决策。

（1）预计飞机到达着陆机场时的剩余燃油(EFOA)。

剩余燃油(EFOA)

在飞行过程中，飞行签派员应对EFOA实施监控，并给予经常性的关注。

小帖士

当遇到一些意外情况，航班的实际情况与原先的计划不一致时，飞行签派员就应对EFOA重新进行计算，并确认预计飞机飞抵目的地机场时，EFOA至少不应小于决断油量。

（2）决断油量。

机长和签派员可以在最低决断油量基础上适当增加决断油量的总量，以便在备降过程中提供意外情况用油。

当飞行明显地不能按现行飞行计划完成时，机长应通过公司的通信系统通知签派员到目的地机场修正的EFOA，机长和签派员应当共同决定应对措施，作出执行应对措施的决定应不迟于EFOA达到决断油量的时刻。

小帖士

最低决断油量基础+适当增加决断油量的总量=更高安全裕度。

作出执行应对措施的决定应不迟于EFOA达到决断油量的时刻。

小帖士

EFOA少于能够维持30分钟的飞行，应执行最低油量程序。

（3）最低油量。

机长和签派员应避免到达所选机场后的EFOA少于能够维持30分钟的飞行时间所需油量。

签派员当得知最低油量状态出现时：

★首先应确保空中交通管制员已收到最低油量通告；

★使用合适的通信设施以确保飞行员、签派员和管制员之间的通信联络和协调，直到飞机安全着陆。

（4）紧急油量。

紧急油量状态是指当按预定航线飞行时，在预定着陆机场处的EFOA油量只能维持到燃料全部耗尽前不足20分钟的飞行时间。

飞行签派员当得知紧急油量状态出现时，应当：

★对飞行员提出的要求提供帮助。

★确保将紧急油量状态通报给预定着陆机场和管制部门。

★确保所有相适用的应急程序和通知均已开始得到实施。

★记录紧急情况和相关的情况。

气象监控

签派员应对所负责的航班运行区域内的气象情况的变化进行监控，并及时将重要变化通报给机组。

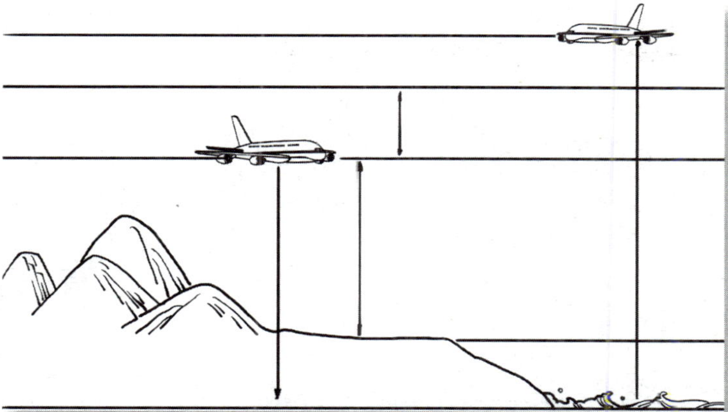

航路(飞行高度和相邻高度)的风向和风速(飞行机组报告)及修正。

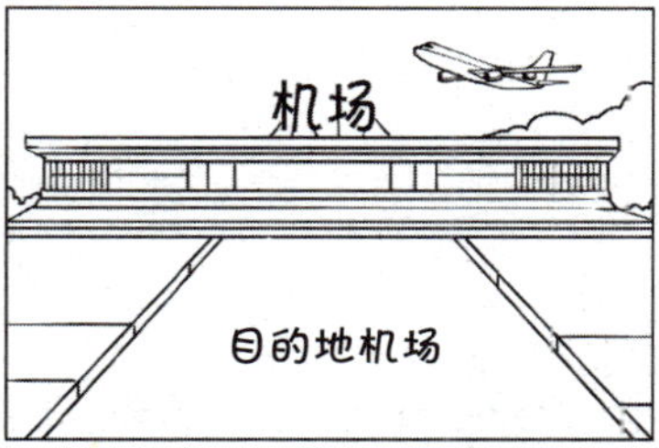

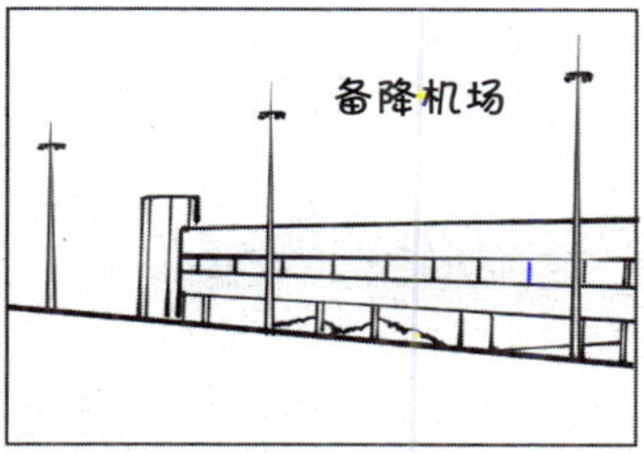

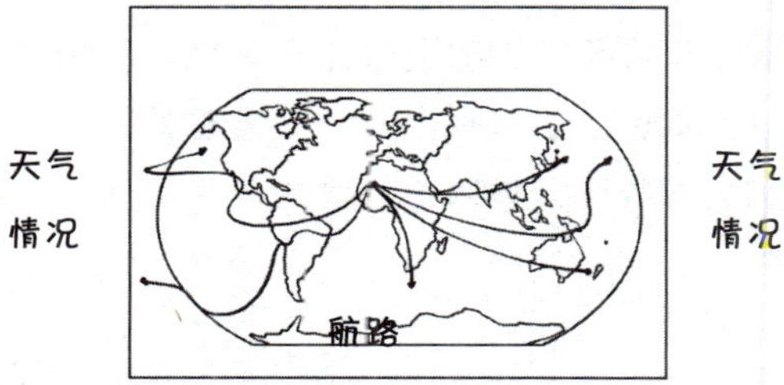

目的地机场、备降机场和航路的天气演变情况及发展趋势。

危险天气警告，包括航路上、机场区域颠簸、风切变、雷暴和积冰等。

飞机适航状态监控

签派员应对所负责的航班运行区域内航班的飞机适航状况进行间接的监控(接受机组和负责适航监控的机务部门的报告)，从运行控制的角度对相关问题进行考虑并妥善解决。

飞机改航后机务维护的能力。

飞机设备故障对飞机性能的影响导致飞机备降及对后续航班的影响。

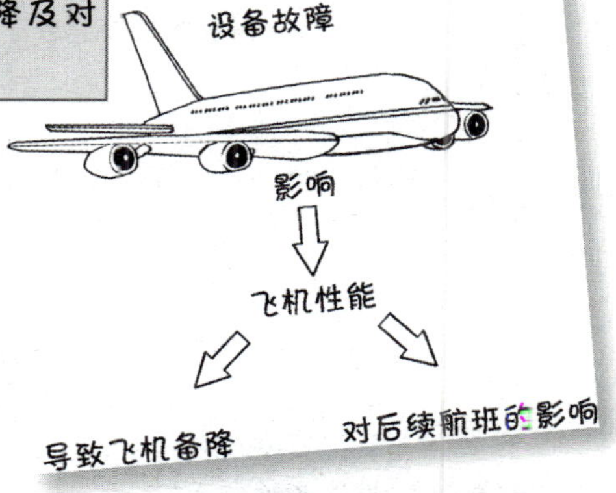

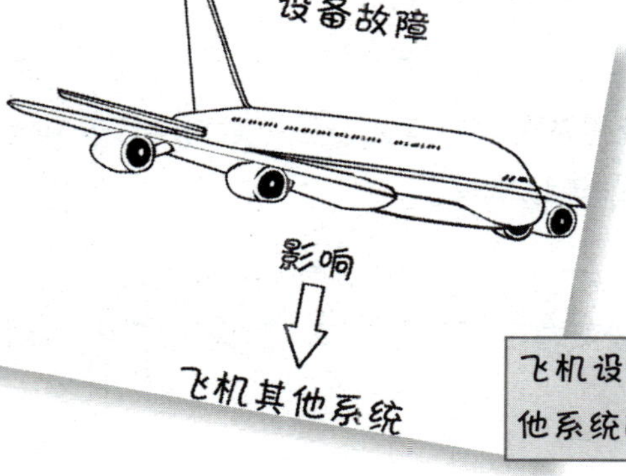

飞机设备故障对飞机其他系统的影响。

空中交通管制的监控

签派员应了解所负责的飞行监控区内的航路流量、导航台工作状况等变化情况，并从运行控制的角度对必要时更改航路的可能性进行考虑，同时应最快时间了解流量控制信息。

最快时间了解流量控制信息

监控航路流量变化、监控导航台工作状况变化

小帖士

签派员对航路油量和导航台工作状况等变化进行监控时，还应从运行控制的角度对必要时更改航路的可能性进行考虑。

对保障资源的可用性的监控

签派员应对所负责的飞行监控区内影响飞行运行的保障资源的可用性进行监控。

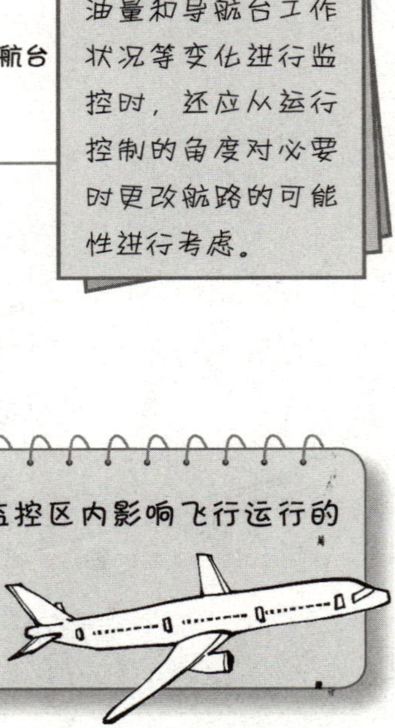

签派员对地面设备、人员情况等变化进行监控。

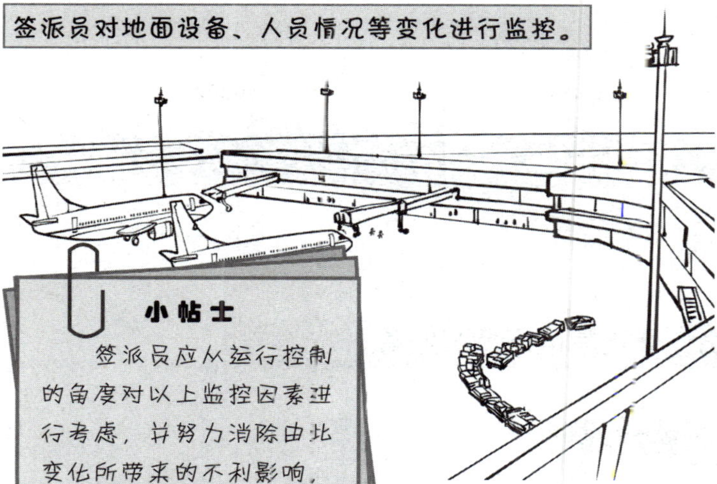

小帖士

签派员应从运行控制的角度对以上监控因素进行考虑，并努力消除由此变化所带来的不利影响，如机场宵禁、机组值勤时间限制、航班延误后带来的旅客转机问题等。

提示

在飞行运行监控时，应避免由于人员疏忽出现以下差错：

★未及时掌握机务排故计划，影响运行决策；

★未及时掌握对航班运行有影响的流量控制信息，影响运行决策；

★未及时掌握对航班运行有影响的天气信息，影响运行决策；

★未及时掌握对航班运行有影响的机场运行保障条件变化及航行通告信息，影响运行决策；

★监督航班调配执行过程时，未及时发现不正常情况；

★未及时发布相关航班运行信息或发布内容错误；

★对于是否属于紧急情况，判断失误，未正确处理紧急情况。

六、非正常运行情况及突发事件处置

1. 非正常运行情况处置

航班调配

更换飞机

更换不正常航班的飞机或机型，使航班恢复正常或基本正常。

提 示

飞机更换时注意：

★飞行机组成员和飞行签派员必须符合所用飞机和设备的训练要求，符合相应的航路和机场资格要求，并熟悉所用的通信和签派程序；

★维修人员也必须符合该飞机和设备的训练要求，并熟悉将使用的维修程序。

合并航班

将不正常航班和其他起讫站相同的航班合并，或将其他起讫站相同的次要航班合并以空出飞机执行该不正常航班，保证除被合并航班外，其他航班正常或基本正常。

取消航班

将旅客人数较少的不正常航班并给其他起讫站相同的航班，或将旅客人数较少的其他次要航班并给其他起讫站相同的航班，以空出飞机执行该不正常航班，保证除被取消航班外，其他航班正常或基本正常。

推迟起飞时间

次日补班

次日补班

航班返航和备降的处置

①

与机组保持陆空通信联系，或通过管制部门与机组保持联系，随时掌握飞机的情况。

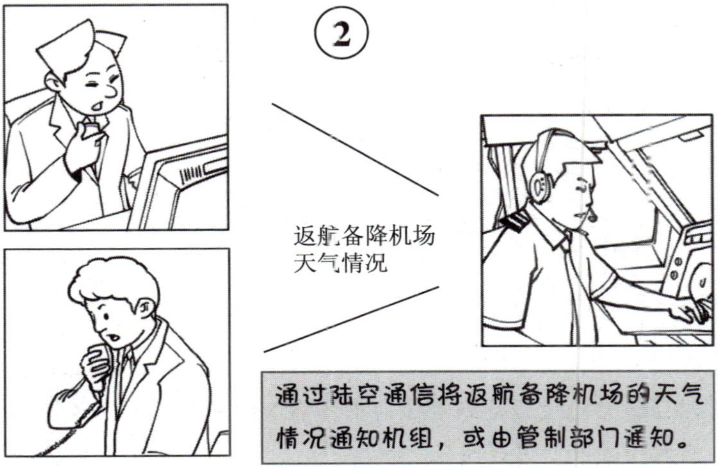
②
返航备降机场
天气情况
通过陆空通信将返航备降机场的天气情况通知机组，或由管制部门通知。

向机组或管制部门了解航班返航备降的原因和预计到达返航备降机场的时间，并修改当日航班运行计划。
③
修改
当日航班计划

对当日航班运行计划中该航班的着陆时间和着陆后预计再次起飞的时间进行修改。

小帖士

根据不同的返航备降原因，签派员后续的工作程序有所不同，具体工作内容请按照本公司手册规定执行。

如导致返航备降的原因长时间不能消除，或者经过航班调配，返航备降的航班最终被取消，则需通知管制部门并拍发取消电报。

检查航班衔接情况，对受影响的后续航班进行调配。

2. 突发事件应急处置

航空器失去通信联络

①

请管制部门联系失去通信联络的航班，同时利用卫星电话、ACARS、监控定位、飞机与飞机之间的联系等手段确认飞机的位置等相关信息。

②

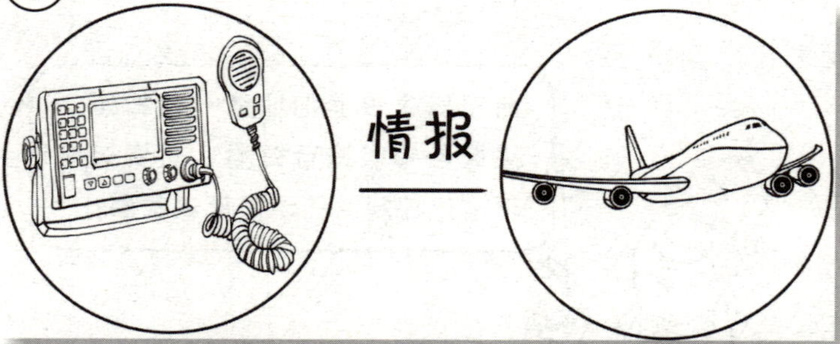

使用公司的地空通信设备向空中飞机盲发重要航行情报变化和重要气象情报。

③

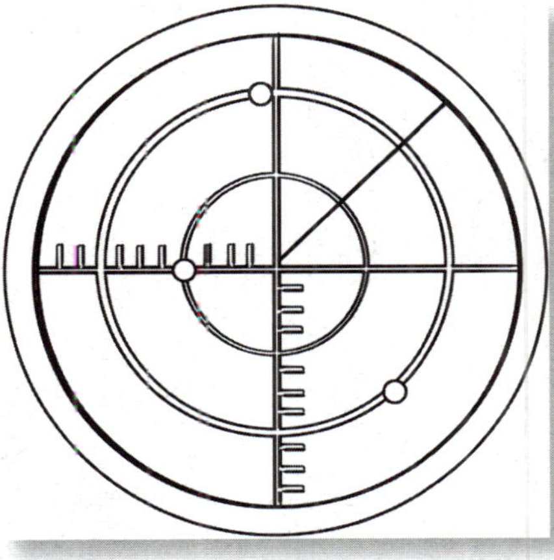

提醒空中交通管制部门开放有关助航设备，使用雷达寻找飞机，指挥其他航空器避让。

④

协助空中交通管制部门呼叫联系空中飞机。

5

若已与飞行机组取得联系，则提供其所需资料，并在该次飞行完成后，向其了解详细情况。

6

联系目的地机场当局，告知有关的情况，完成接收准备。

⑦

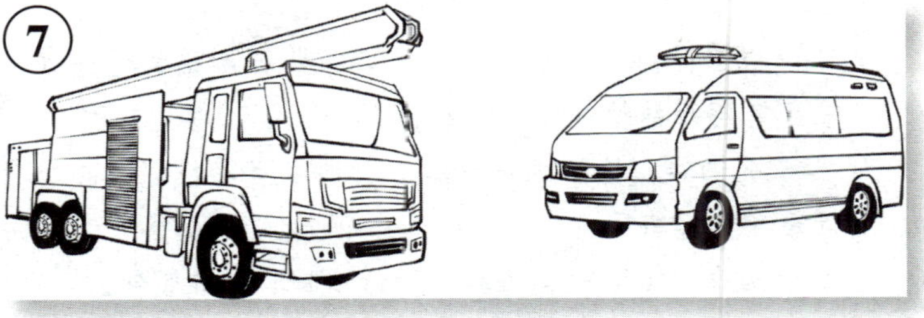

飞机需要救援时，通知援救单位，做好所需援救准备。

小帖士

对当日航班运行计划中该航班的着陆时间和着陆后预计再次起飞的时间进行修改。

机长失去操纵能力

★ 通过公司地空通信手段或空中交通管制部门与空中飞行机组保持不间断联系，提醒机组按照接替程序处置，并将接替情况做好记录。

★ 视情况需要，为机组选择就近合适的备降机场，并将此建议通知机组。

★ 向机组提供就近机场资料、飞行情报和气象资料。

★ 联系有关机场当局，告知有关情况，通知其做好准备接受飞机及进行紧急医疗抢救。

★ 通报所在管制区域的管制人员指挥飞机避让。

★ 航空公司相应机型的飞行专家提供空中机组的技术支持。

提示

此时飞行技术专家负责派出飞行指挥员通过地空通信指导飞行机组其他成员操纵航空器飞行和着陆，其他应急部门处于待命状态。

航空器空中严重故障

起落架系统故障

只剩下一个主交流电源

导航系统失效

无线电通信设备失效
导致空地通信困难

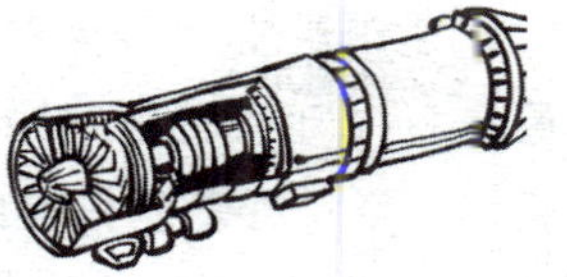

发动机故障

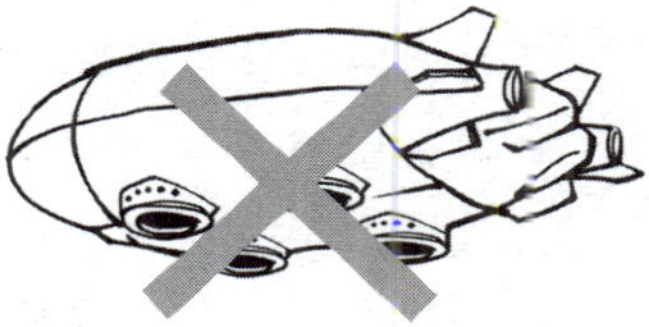

结构严重受损

增压舱失密

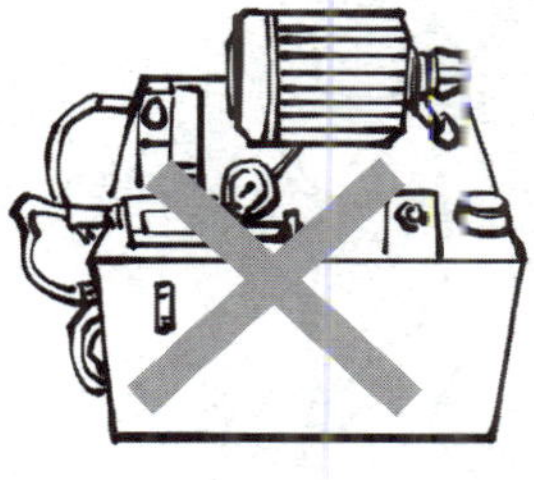

液压系统失效

飞机在空中发生严重故障时，空中机组人员的处置参见《飞行机组操作手册》《快速检查单》等技术资料，而地面应急机构应采取的基本应对程序包括：

★ 签派员负责做好对飞机的监控工作，了解机组意图和所需帮助，并向机组提供航行情报、天气资料、备降机场信息和改航备降的飞行计划等。

★ 飞行技术专家负责进行飞行指挥，向机组提供飞行操纵和处理的建议。

★ 机务维修专家负责向机组提供排除故障的建议和处理意见。

★ 签派员负责与相关机场、航管部门保持联系、互通信息，必要时要求有关机场做好应急救援准备，并进行记录。

非法干扰

★ 设法使用各种通信手段联络机组，通报情况并了解飞机确切位置和机长意图，并随时将了解的情况通报公司总指挥及其他有关单位。

★ 掌握飞机动态，及时、准确地将上级的指示精神传达给机组，尽可能为机组空中处置提供有效、及时的帮助。

★ 设法通过各种渠道通知将要飞往的机场，做好应急救援准备及地面保障工作。

★ 负责为机组提供必需的航行、天气资料和改航的飞行计划及其他帮助。

航空器遭遇炸弹威胁

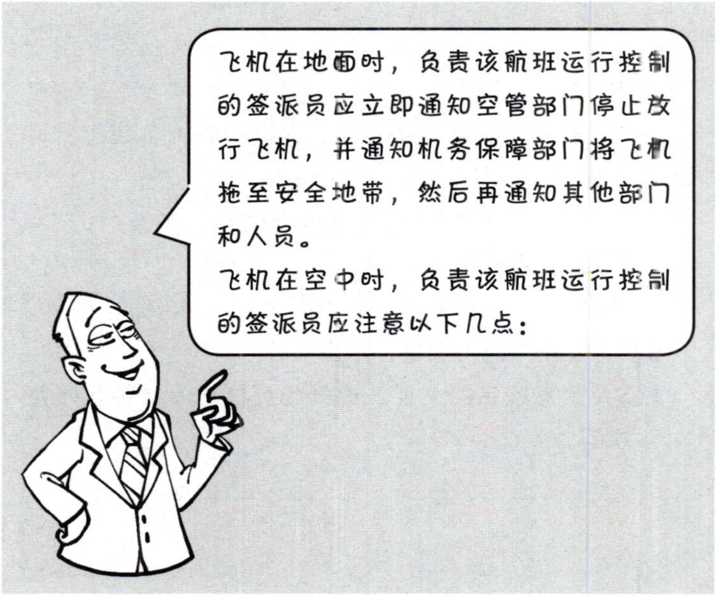

★ 设法使用各种通信手段联络机组，通报情况并了解飞机确切位置和机长意图，并随时将了解的情况通报公司总指挥及其他有关单位。

★ 掌握飞机动态，及时、准确地将上级的指示精神传达给机组，指示机组飞往最近的合适机场降落，尽可能为机组空中处置提供有效、及时的帮助。

★ 通知将要飞往的机场，做好应急救援准备及安排远离其他飞机、设备和人员的停机位置，并与相关机场指挥部门协商处置方案。

★ 负责为机组提供必需的航行、天气资料和改航的飞行计划及其他帮助。

提示

在进行不正常事件处置时，应避免因人员疏忽出现以下差错：

★判断是否启动紧急反应，判断不准确、不及时；

★紧急通报有遗漏；

★紧急通报未记录或记录不全；

★应急反应判断不准确、不及时；

★有关紧急程序的文件、记录相关信息没有被及时整理等。

图书在版编目（CIP）数据

图说航空公司运行控制安全／中国民用航空局航空安全办公室，中国民航安全学院编著.—北京：中国工人出版社，2014.6
（图说民航安全生产系列丛书）
ISBN 978-7-5008-5805-8

Ⅰ.①图…　Ⅱ.①中…②中…　Ⅲ.①民航运输—安全管理—图解　Ⅳ.①F560.6-64

中国版本图书馆CIP数据核字（2014）第104633号

图说航空公司运行控制安全

出 版 人	李庆堂
责任编辑	安　静
责任校对	赵贵芬
责任印制	栾征宇
出版发行	中国工人出版社
地　　址	北京市东城区鼓楼外大街45号　邮编：100120
网　　址	http://www.wp-china.com
电　　话	（010）62350006（总编室）； （010）62005039（营销出版部） （010）62382376（职工教育分社）
发行热线	（010）62383276　（010）82075964（传真）
经　　销	各地书店
印　　刷	北京睿特印刷厂
开　　本	889毫米×1230毫米　1/32
印　　张	4.625
字　　数	30千字
版　　次	2014年7月第1版　2014年7月第1次印刷
定　　价	10.00元